MÉMOIRES

ARTISTIQUES

DE

MLLE PÉAN DE LA ROCHE - JAGU

ÉCRITS PAR ELLE-MÊME

Prix : 3 FRANCS.

PARIS

Chez LEDOYEN, galerie d'Orléans, Palais-Royal

ET CHEZ TOUS LES LIBRAIRES.

Annonce pour l'intérieur.

PARIS. — Typographie d'Emile ALLARD, rue d'Enghien, 14.

MÉMOIRES ARTISTIQUES

MÉMOIRES

ARTISTIQUES

DE

Mlle PÉAN DE LA ROCHE-JAGU

ÉCRITS PAR ELLE-MÊME

A PARIS

CHEZ LEDOYEN, LIBRAIRE

GALERIE D'ORLÉANS, PALAIS-ROYAL

—

1861

Paris. Typographie ALLARD, r. d'Enghien, 14.

TABLE DES MATIÈRES

PREMIÈRE PARTIE.

DEUXIÈME PARTIE

FIN DE LA TABLE.

Paris, le 20 décembre 1860.

MADEMOISELLE,

Je viens de lire les Mémoires où vous retracez les douleurs et les déceptions de votre vie d'artiste, déceptions qui n'ont lassé ni votre courage, ni votre persévérance.

Ces Mémoires, remplis d'un intérêt si navrant, prouvent que dans la carrière des arts ou des lettres, les premiers pas sont les plus difficiles, comme les derniers en sont parfois les plus cruels peut-être.

Parente de Chateaubriand, et musicienne distinguée, deux classes de la société doivent vous venir en aide : toutes les personnes de naissance et tous les amis des arts. C'est à ce dernier titre, Mademoiselle, que je vous prie de vouloir bien me faire l'honneur d'inscrire mon nom sur la liste de vos souscripteurs.

Veuillez agréer, Mademoiselle, l'expression de mon respect,

EUGÈNE SCRIBE.

A Mademoiselle Péan de la Roche-Jagu.

A Mme FANNY DUBREUIL-SABLIÈRE

Ma bonne et chère Fanny,

Il y a longtemps que tu me tourmentes pour écrire ma vie artistique. Hélas ! elle n'est semée que d'épines, et si Dieu enfin me réserve un jour le bonheur d'en cueillir les roses, personne plus que moi n'en savourera avec plus de délices les doux parfums ; parce que personne, non plus, n'a, je le crois, eu tant à souffrir et à combattre, que ta courageuse et persévérante amie.

Je vais donc essayer d'en tracer une partie. Je dis une partie, car je me réserve, si nous avons le bonheur de nous revoir, d'ajouter de vive voix bien des choses que l'on ne peut dire à tout le monde. Si cette faible

1

esquisse est destinée à paraître un jour, naturellement, elle intéressera mes amis par tout ce que j'ai
souffert, ainsi que les artistes de cœur qui me liront;
parce qu'eux aussi, ont éprouvé des tribulations de
toutes sortes; et si, enfin, j'ai la joie de voir ma persévérance couronnée de quelques succès, mon exemple
pourra servir alors à encourager ceux qui véritablement se sentent le feu sacré, ceux qui se disent avec
une fermeté à toute épreuve : « Je saurai attendre !...
mais j'arriverai. »

Ainsi, ma chère Fanny, toi qui as été, je puis le dire,
une sœur pour moi, reçois la dédicace de ta meilleure
et plus dévouée amie.

E. PÉAN DE LA ROCHÉ-JAGU.

Paris, le 20 septembre 1854.

MÉMOIRES ARTISTIQUES

PREMIÈRE PARTIE

CHAPITRE PREMIER

Enfance dorée.

Je suis née à Brest. Ma famille, l'une des plus anciennes de la Bretagne, appartient aux Chateaubriand, de Duras, de Montmorency, de Malestroit etc... Mes ancêtres avaient émigré, et perdu en partie, à la Révolution, leur fortune.

Mon père et ma mère jouissaient d'une certaine

aisance. Fille unique, j'étais adorée et gâtée par eux; aussi mon enfance a-t-elle été on ne peut plus heureuse. Je n'avais qu'à souhaiter une chose, je l'obtenais aussitôt. J'avais des jeux de toutes espèces; des poupées plus grandes que moi : je jouais rarement avec ces dernières; mais j'en avais une vingtaine de petites, c'étaient celles-là qui faisaient mon bonheur. Je les transformais en acteurs et actrices, et le jeudi et le dimanche, où régulièrement on réunissait mes petits amis, ayant un joli théâtre qui était mes délices, je leur donnais des représentations nouvelles, des pièces que ma verve enfantine avait créées.

Je passais toujours les heures de ma récréation enfermée dans mon cabinet, qui était absolument un petit magasin de jouets. Celui qui me flattait le plus (après mon théâtre) était une boîte de peinture; là, je broyais toutes sortes de couleurs, et toutes les images qui pouvaient me tomber sous la main, je m'empressais de les colorier; je peignais aussi d'idée des fleurs; enfin, je me sentais un goût tout à fait prononcé pour tout ce qui était art. Passionnée pour la musique dès mon plus jeune âge, j'égratignais souvent une petite guitare que j'avais, et je tapais sur toutes les tables à jeu pour me faire un piano. Je voulus avoir un maître, on fit venir alors un instrument, je l'eus quinze jours avant de prendre ma première leçon, je ne le quittais plus de toute la journée; et sans connaître même mes notes, que je marquais à cet effet avec de la craie, j'avais déjà composé plusieurs petits airs. Je fis de rapides progrès, — Je n'avais que quinze mois de leçons lorsque le malheur commença à me frapper. Mon père perdit une fort belle place qu'il occupait : il était directeur en chef de l'hôpital de la Marine ; à cette époque l'on supprima, dans tous les ports de mer, cette place.

Ensuite, par de fausses spéculations, ma famille se trouva tout à coup dans la gêne et doublement désolée au moment de donner à leur fille chérie une éducation qu'ils désiraient rendre aussi brillante que possible.

CHAPITRE II.

Premières inspirations.

Mes maîtres furent donc restreints : je n'eus que les indispensables. Celui que l'on congédia et qui me fit tant de peine fut mon professeur de piano. Je travaillais toujours cet instrument, c'est-à-dire que je composais. Tous les matins je faisais une romance. Un soir, au moment où j'allais me coucher, ma bonne mère me dit : Comme la romance que tu as faite aujourd'hui est jolie. Je ne suis pas de ton avis, lui répondis-je ; il me semble qu'elle

est très-mauvaise, et même, je dirai plus, ridicule.
— Comment cela ? — Par la raison qu'elle est
trop surchargée de fioritures : cette composition
est faite pour un cadre plus grand. Je ne sais !...
mais je sens en moi une chose que je ne puis définir, c'est comme un chaos dans ma tête ; je voudrais faire quelque chose de plus grandiose. Je ne
sais, enfin !... Ma mère reprit en riant : Oui, quelque chose, comme un opéra, par exemple !... Un
opéra ! m'écriai-je, un opéra !... mais oui, tu as
raison. Oh ! oui, je sens que je puis le faire !... —
Allons, allons ma fille, calme-toi, tu es folle. —
Non, je ne suis point folle ; et voilà le chaos que
j'avais dans la tête et qui, aujourd'hui, n'en est
plus un pour moi !... — Mais, qui te donnera un
poème ? — C'est vrai ! Il faudra pourtant que j'en
trouve un ; et je ne vais même pas me coucher,
bonne mère, avant d'aller chercher une comédie
dans la bibliothèque. Celle-ci se trouvait justement près de l'appartement de mon père ; aussi,
dans la crainte de l'éveiller, pris-je le premier
livre qui me tomba sous la main : c'était une charmante comédie : la *Gageure imprévue.* Je la lus
avec avidité ; mais toute jolie qu'elle était, elle ne
pouvait nullement être mise en opéra-comique. Je

me décidai donc à remettre au lendemain une plus
heureuse découverte.

Je ne fus pas paresseuse, ce jour-là, à me lever;
et dès que je vis mon père parti pour son bureau,
je bouleversai la bibliothèque; j'avais de la peine à
trouver une comédie qui prêtât à la musique.
Enfin, je m'arrêtai à une, intitulée : le *Tuteur dupé*
(de Cailhava). Je fus un moment un peu décon-
certée, car je n'avais pensé à faire qu'un petit
acte, et cette comédie était de cinq. Je fis cette
réflexion à ma mère; mais, tout à coup, je pensai
que la comédie du *Barbier de Séville* avait été réduite et arrangée en opéra-comique. Je ne reculai
donc pas devant cet immense travail.

J'envoyai chercher la brochure du *Barbier*,
et je coupai moi-même (avec cet excellent mo-
dèle) ma comédie en trois actes, et traçai les morceaux de musique. Mais le plus difficile n'était
pas fait; où trouver un poète pour faire les vers?
J'attendis avec impatience le retour de mon père.
Je n'osai pas moi-même lui dire mon gigantesque
projet, pensant qu'il allait se moquer de moi, ce
qui ne manqua pas en effet. — Voyant pourtant
que j'avais une si ferme détermination, il me
promit de chercher quelqu'un qui voulût bien se

charger de ce travail. Chaque fois que mon père rentrait, je lui demandais : l'as-tu trouvé ? Pas encore, me répondait-il en riant. Je me mettais à pleurer. — Au bout de dix jours d'attente, je tombai malade de désespoir. Mon père, alors, s'empressa de faire plus sérieusement la recherche de ce poète tant désiré, et vint enfin m'annoncer son heureuse découverte, en ajoutant que dès le lendemain on allait se mettre à la besogne pour moi, et que ce ne serait pas très-long à arranger.

Cette bonne nouvelle me transporta de joie et me rendit promptement la santé.

J'attendis quinze grands jours, et je reçus mon manuscrit, justement un jour où il y avait une grande fête dans la ville ; tout le monde s'y portait, moi seule, je n'aurais pu y prendre part, et je suppliai ma bonne mère de ne pas me forcer à y assister, et de me laisser commencer mon opéra. Le désir de son enfant était toujours le sien.

CHAPITRE III.

Un opéra.

Mon premier morceau était un joyeux chœur de villageois avec couplets ; le suivant, un air de baryton, mais le troisième, c'était là pour moi l'écueil ! *un quatuor* entre deux soprano, un ténor et un baryton... moi, qui n'avais pas la plus petite *notion* de l'harmonie. Enfin, je ne m'en tirai pas trop mal. A partir de ce morceau, je me sentis plus que jamais la force d'achever ce grand travail, ce que je fis avec encore plus d'ardeur.

Mon père et ma mère, qui seuls connaissaient mon opéra (car pour toute autre personne c'était un mystère), commencèrent à croire que j'avais une véritable vocation. Je sortais à peine, je ne pouvais quitter mon occupation chérie. Plusieurs de mes amies se fàchèrent contre moi ; ne me voyant presque plus, elles me taxèrent de capricieuse.

Enfin, le jour arriva où je mis la dernière main à l'œuvre ; mon final terminé, l'incognito que j'avais gardé fut levé. Je ne me dissimulais pas les quolibets que l'on allait lancer sur mon compte, une ville de province ne vous les épargne jamais. En effet, c'était un événement !... il fallait pourtant bien faire exécuter cette musique. Nous connaissions un avocat, qui avait une délicieuse voix de baryton. Mes parents l'invitèrent à vouloir bien chanter un rôle dans mon opéra ; il me demanda à le voir, mais avec ce certain sourire sardonique (auquel je m'attendais.)

Je me mis au piano toute tremblante ; à mesure qu'il déchiffrait son air, je me rassurais par les éloges qu'il me donnait ; et enfin, après avoir chanté le rôle entier, il dit qu'il fallait de suite s'occuper de chercher les autres chanteurs; que

pour le rôle de basse, M. Lesage, ancien élève de
Boïeldieu, serait heureux de l'interpréter. — C'est
mon ami intime, répondit mon père, je le verrai
ce soir. J'ai omis de dire que le premier air que
j'ai écrit était les variations sur le thème de *Partant pour la Syrie* (composition si jolie de la
Reine Hortense), et ce M. Lesage avait eu la complaisance de venir les entendre. J'ai même conservé, *telles quelles*, avec leurs nombreuses fautes, ces variations (mon point de départ).

J'avais quelques-unes de mes amies qui chantaient, entre autres, toi, ma chère Fanny, qui te
chargeas avec tant de plaisir du rôle de la prima
donna. — Il me tardait de voir arriver mon père
de chez son ami, afin de savoir s'il consentait à
chanter le rôle qui lui était destiné. Mais quel fut
mon désappointement, il refusait; oui, me dit
mon père, il refuse, et il s'est écrié : Mon bon
ami, c'est de la folie, ta fille qui, à peine, a les
premières notions de musique, car quinze mois de
leçons qu'elle a eues, qu'est-ce que cela? Ses variations de *Partant pour la Syrie*, ne sont pas trop
mal, quoiqu'il n'y ait rien de saillant. Mais entre
un simple morceau de piano et un opéra, c'est le
jour et la nuit, et tu sais combien j'aime la musi-

que ; faut-il du moins qu'elle soit bonne, et je te
le répète, l'opéra de ta fille ne peut être que mauvais, et je n'irai pas chez toi.

Cependant j'avais distribué tous mes autres rôles, excepté ce maudit rôle de basse. Il était encore plus difficile de trouver dans la société une
belle voix de basse-taille qu'un poète.—Mon père
était retourné chez son ami pour le prier de nouveau ; même refus de sa part. L'avocat, qui le premier s'était chargé d'un rôle, me dit : — Il n'y a
qu'un moyen : envoyez-lui sa partie ; lorsqu'il en
aura pris connaissance, je ne doute pas qu'il ne
vienne. Je m'empressai de la lui faire parvenir, et
le soir même, vers huit heures, j'eus le bonheur
d'entendre annoncer M. Lesage, qui vint à moi et
me prit la main en s'écriant : — Oh ! mon enfant,
je n'en reviens pas !... C'est vous qui avez fait cela ?
— Oui, lui répondis-je en souriant, c'est moi, et
vous m'avez fait même bien pleurer. — Voyons
vite toute votre partition ; si elle ressemble à mon
rôle, oh ! vous irez loin, je vous le prédis !...

Il chanta tous les morceaux, et m'assura que je
pouvais compter sur son concours, et qu'il lui
tardait même de répéter ces trios et quatuors qui
lui paraissaient pleins de mélodie. Il s'en allait,

lorsque tout-à-coup il revint sur ses pas : — Et l'orchestration est-elle faite?... — Ah ! mon Dieu, lui dis-je, je n'y avais pas songé! Ce sera là le plus difficile!... — Certainement, ajouta-t-il, et vous ne pourrez jamais y parvenir. — Il le faudra pourtant bien, repris-je; il y aura nombre considérable de fautes d'harmonie, sans nul doute, mais je ferai, je vous le promets bien, ma partition d'orchestre comme j'ai fait celle de piano. — Allons, allons, courage, mon enfant, j'y crois presque, à présent.

Une partition d'orchestre, me dis-je, qu'est-ce donc? Jamais une seule ne m'était passée par les mains. Lorsque j'allais une fois par hasard entendre un opéra, je voyais bien des cahiers distribués à chaque musicien ; il y avait à peu près une trentaine d'instruments. Alors j'eus la *naïveté* de croire (j'en ris encore en y pensant) qu'il fallait, pour faire une partition d'orchestre, écrire sur chacun de ces cahiers, séparément, et je les rangeai sur le parquet du salon, qui était fort grand, et là je me mis en devoir d'essayer à composer mon instrumentation. Hélas! je ne pouvais y parvenir; j'en étais désespérée, quand tout-à-coup je m'écriai : Oh! que je suis donc simple!... cette manière n'est pas possible ; il faut que je réunisse tous mes instruments dans la même page. Alors j'envoyai demander au théâtre les partitions de piano et d'orchestre de la *Dame blanche*, et par là je vis bien que j'avais deviné le bon moyen.

Il fallait véritablement que je me sentisse une profonde vocation pour avoir eu le courage de faire le travail que j'ai fait afin de me donner quelques notions de l'orchestration. Je jouais avec beaucoup d'attention la partition de la *Dame blanche* pour piano, laquelle j'instrumentais après. J'ouvrais ensuite celle d'orchestre, et voyais les fautes que j'y avais faites. Ce fut après ce pénible travail que je parvins enfin à orchestrer la mienne. — Le bon M. Lesage en était ravi. Il alla demander l'orchestre du théâtre pour venir exécuter mon œuvre. Ce fut à qui viendrait l'entendre ; mais ma mère ne voulut point faire d'invitations, ayant trop de connaissances, et de cette manière ne fâcher personne. Elle dit simplement que l'on recevrait celles qui viendraient, mais qu'en particulier elle ne les priait point.

CHAPITRE IV.

Premier coup d'archet.

Le jour de l'exécution arriva enfin ; dès le matin, on porta les instruments et les pupîtres. Je rangeai mes cahiers sur ces derniers ; je dansais, je courais d'un salon à l'autre, j'étais ivre de joie. A sept heures, tout le monde était à son poste, Les pièces de notre appartement étaient combles, ainsi que la rue où nous demeurions. Le coiffeur de mon père, qui logeait en face de notre maison, fit ce jour-là une belle journée, car il loua chez lui des places fort cher.

J'avais entendu dire souvent que le premier coup d'archet que l'on entendait à l'Opéra causait toujours une vive sensation, mais, lorsque je suis venue dans la capitale, je l'ai comparé avec celui que j'ai entendu pour mon opéra ; celui-là m'avait occasionné une trop forte émotion pour que jamais une autre pût produire rien *de semblable*. Pendant que l'on exécutait l'ouverture, j'avais un tremblement nerveux et j'étais suffoquée par les larmes que je retenais !... Aussi, bonne Fanny, lorsqu'après le premier acte chanté tu vins si joyeuse me serrer la main, je me hâtai de te dire :

— Chère amie, pas un mot, ne me dis rien, ou je vais me mettre à pleurer !...

Après l'opéra, en s'en allant, chacun nous faisait son compliment de bon ou de mauvais aloi, car déjà bien des personnes avaient la petitesse d'être jalouses du talent en herbe que je pouvais avoir. Quant à mes bons et excellents parents, ils étaient transportés de joie et désiraient voir mon opéra représenté sur le théâtre de Brest; mais moi je n'en avais point le désir, parce que je sentais parfaitement que bien des choses m'avaient choqué les oreilles dans mon orchestration, choses que je ne pouvais définir.

Le bon M. Lesage, auquel j'en fis part, me dit qu'il ne me manquait qu'une chose : de profondes et sérieuses études d'harmonie ; il trouvait que les mélodies abondaient dans mon ouvrage ; il engagea vivement mon père à m'envoyer à Paris prendre des leçons de nos premiers maîtres.

Quant à moi, ce n'était plus que mon unique rêve, et Dieu est témoin que je ne voyais alors pour seul but dans ce projet que la noble et juste ambition de rendre à mes excellents parents l'aisance qu'ils avaient eu le malheur de perdre, et de leur témoigner ainsi ma vive reconnaissance.

En province, on ne peut se douter de tout ce qu'un malheureux auteur a d'obstacles à surmonter : on croit qu'au bout d'une année on va admettre d'emblée au théâtre tous les ouvrages qu'il pourra faire, s'ils sont bons. Détrompez-vous. On n'arrive que par l'intrigue, la coterie, et à l'aide de ce *vil métal* (comme l'appelle M. Scribe), *l'or*. Versez-en à pleines mains : que l'on vous trouvera du talent... que de gracieux saluts vous recevrez. Au lieu que si un auteur se présente modestement avec une sorte de timidité (compagne presque toujours du vrai mérite), on le toise de la tête aux pieds, on s'inquiète fort peu s'il a vraiment du mé-

rite, on le renvoie impitoyablement à l'indéfini !...
Il se retire le cœur gonflé, il passe une journée de
désespoir ! Mais la ferme et vraie vocation qu'il
sent en lui relève bientôt son courage un moment
abattu. Il voit au loin une riante aurore, et se re-
met à son travail avec un plus grand zèle, une plus
vive ardeur encore...

Cependant, mes parents prirent une détermination, et mon voyage à Paris fut décidé. Mon père
réalisa quelques débris de notre ancienne prospé-
rité, et ma bonne mère et moi nous partîmes, car
elle n'eût confié son enfant à personne, et j'eusse
renoncé mille fois à mon art chéri plutôt que de
la quitter.

Nos adieux à mon pauvre père furent cruels !
Hélas ! nous ne devions plus le revoir ! Une sorte
de pressentiment m'en avertit, car je pleurai une
partie de la route.

CHAPITRE V.

Mon arrivée à Paris.

J'arrivai dans la grande cité, munie de plusieurs lettres de recommandation, entre autres une pour M. Berton. Nous allâmes la lui porter, et ma mère lui dit combien elle désirait qu'il voulût bien me donner des leçons. Il répondit qu'il se sentait bien vieux, et qu'il ne voulait plus faire d'élèves. Elle insista; alors il dit que ce serait à la condition de lui envoyer mon opéra, et que si véritablement il trouvait en moi de grandes dispositions, il m'ac-

orderait la faveur que je sollicitais. — Au bout
'une huitaine de jours nous allâmes savoir la ré-
onse; et combien ma joie fut grande, lorsqu'en
'apercevant, il s'écria : — Oh! mon enfant, je
uis charmé de votre partition, elle est pleine
'heureuses idées, c'est avec grand plaisir que je
eviens votre professeur; et si vous avez du cou-
age et de la persévérance, car il en faut beaucoup
our parcourir cette carrière si épineuse, vous ne
ourrez manquer de réussir, après avoir fait de
rofondes études. Vous me promettez de bien étu-
ier? Oh oui ! lui répondis-je, j'en prends formel-
ement l'engagement, qui, du reste, ne devra pas
1e coûter à tenir, me sentant un désir si forte-
ent prononcé.

Je travaillai avec ardeur. Nous avions pris un
etit appartement très-modeste. Il y avait déjà dix-
1uit mois que je prenais des leçons du célèbre
. Berton; il était très-satisfait de moi. J'avais re-
ait mon opéra avec lui. Un jour, je lui montrai
n grand air de soprano que je venais de compo-
er; il l'examina, et sa physionomie, si riante
'habitude, était impassible; il lisait toujours, je
e regardais du coin de l'œil, car sans qu'il me dît
ien, je devinais d'ordinaire sa pensée. Il arriva à

la fin du morceau, prit sa plume, et le barra en entier. Voyant la sotte figure que je fis alors, il partit d'un éclat de rire, me disant : *Mon Chou* (il m'appelait souvent ainsi), c'est tout à refaire, et la prochaine leçon il faut qu'il soit bien. Je ne pourrai jamais le bien faire, M. Berton, lui répondis-je le cœur tout gros. Je voudrais bien voir cela, reprit-il en riant toujours.

J'emportai donc mon morceau, et après m'être un peu soulagée par quelques larmes, je me mis à le composer de nouveau. Il me tardait qu'il le revît. Eh bien! s'écria-t-il, voyons notre fameux morceau. Je le lui donnai en tremblant, car j'étais persuadée qu'il était encore mauvais. Je n'osais à peine lever les yeux sur mon cher professeur; cependant, je m'aperçus bientôt qu'il en était satisfait. Il arriva à la dernière page sans prononcer un mot. Enfin, il se leva, fut à son bureau, prit son portrait (qu'il savait que je désirais beaucoup) et me le donna en m'embrassant, me disant que je méritais une récompense. M. Berton était le meilleur des hommes, ses élèves l'adoraient; il me disait souvent qu'il avait pour moi des sentiments paternels, et il me l'a prouvé dans bien des circonstances. Voyant mon peu de fortune et tout ce que j'avais à payer pour mes études (car j'avais encore d'autres professeurs), il adressa à M. le maire de Brest une demande dont voici la copie que j'avais conservée.

« Monsieur le Maire,

» Le vif intérêt que je porte à Mlle Péan de la
» Roche Jagu, mon élève, m'invite à vous dire
» toute ma pensée sur cette intéressante personne.
» Mlle Péan est douée des plus belles disposi-
» tions musicales, elle a de brillantes idées dans
» ses compositions et aurait déjà assez de savoir
» pour prendre rang parmi les amateurs les plus
» distingués. Mais sa position de fortune et surtout
» sa noble ambition artistique lui ont inspiré le
» désir de s'élever jusqu'aux sommités de l'art de
» la composition musicale. Ce désir est louable,
» sans doute, mais il est impossible d'y satisfaire,
» si l'on n'a pas entrepris préalablement les travaux
» convenables, c'est-à-dire une étude approfondie
» du *contrepoint* et de la *fugue;* car, pour écrire
» convenablement une langue quelconque, il faut
» en avoir étudié et la syntaxe et la grammaire.
» Pour ce travail, il faut au moins trois années.

» Mlle de la Roche Jagu a déjà, d'après mes con-
» seils, fait une étude de dix-huit mois en ce
» genre ; il lui reste donc, pour être suffisamment
» instruite, dix-huit autres mois à étudier. Alors,
» elle pourra, en toute sûreté, se livrer à ses ins-
» pirations, et je ne doute nullement qu'après de
» telles études, elle n'obtienne des succès mérités
» et productifs.

» Ce sera donc à vous, Monsieur, à sa ville na-
» tale, qu'elle sera redevable de pouvoir terminer
» ses études, si vous daignez lui accorder la sub-
» vention que je sollicite en sa faveur. Sa recon-
» naissance sera éternelle, ainsi que celles que
» vous devront tous les amis des beaux-arts.

» J'ai l'honneur d'être, Monsieur le maire, avec
» les sentiments d'une haute considération, votre
» tout dévoué serviteur,

» Le chevalier : H. BERTON,
» Membre de l'Institut et du Conservatoire,
» Officier de la Légion-d'Honneur, etc. »

Cette lettre fit son effet; en outre, ma famille
était si bien considérée à Brest, que M. le maire,
après en avoir référé au conseil général, s'empressa
de m'allouer une subvention de 1,800 fr.

Je travaillai sans relâche ; je composai un nouvel

opéra, encore en trois actes, drame lyrique, intitulé : *Nell ou le Gabier d'Artimon*. C'était un
ouvrage à grand spectacle, beaucoup de décors;
cela seul suffisait pour l'empêcher d'être admis au
théâtre pour le début d'un compositeur; aussi ne
me servit-il que comme étude. J'en fis un autre
en deux actes, sujet espagnol, dont le titre était :
Gil Diaze. Le poème fut refusé, et cette partition
est restée depuis dans mon portefeuille.

CHAPITRE VI.

Tribulations. — Grand prix de Rome.

Mon père commençait à se désoler d'une sépa-
ration qui se prolongeait bien plus qu'il ne l'avait
pensé, et sans avoir encore rapporté le moindre
résultat pécuniaire. Ajoutez à cela les privations
forcées qu'il savait que nous avions à supporter,
et le chagrin profond qu'il ressentait d'être dans
l'impossibilité de nous venir en aide. J'en éprouvais aussi beaucoup de ne pouvoir procurer à ma
bonne mère ce bien-être dont elle avait toujours

joui, et je pleurais souvent en silence de la voir se servir elle-même, après avoir eu plusieurs domestiques. L'amour de mon art me fit supporter cette position plus patiemment, malgré que je fusse habituée aussi à me faire servir, et ma pauvre mère me réprimandait même bien souvent pour cela (mais en enfant gâté); je n'en tenais guère compte. J'aurais été par exemple à mon piano, je sonnais ma bonne pour qu'elle me donnât mon mouchoir qui se trouvait sur le sopha. Aussi je crois que Dieu m'a envoyé tant d'épreuves pour me punir de tous ces travers, quoique cependant je n'eusse guère alors l'âge de raison et ne pouvais en apprécier le ridicule.

Mon bon papa Berton, qui avait tant le désir de me voir réussir, et étant si peiné de notre position qui devenait de plus en plus gênée, me dit un jour : « Ma chère enfant, je vais vous donner un » travail à faire, *travail* que femme n'a point fait » jusqu'à ce jour, parce qu'habituellement il ne » s'en trouve pas beaucoup non plus qui aient eu » le courage de faire de profondes études comme » vous en avez fait. C'est le grand prix de Rome » pour lequel je veux vous faire concourir; si » vous en remplissez bien toutes les conditions,

» si enfin la cantate que je vous remets, et qui est
» si dramatique, est bien rendue, je ne vous dis
» rien, mais j'ai mon *projet.* » — Je l'emportai et
me mis aussitôt au travail avec courage ; ces mots
de mon professeur : *J'ai mon projet*, me réson-
naient doucement à l'oreille et me donnèrent une
bonne inspiration, car je réussis au delà de mes
espérances dans cette composition. Jamais mon
cher maître ne m'avait donné autant d'éloges, et
me dit enfin le *fameux projet* qu'il avait conçu. Il
écrivit au roi afin de lui demander qu'il m'accor-
dât la faveur (comme étant la première femme
qui avait mérité le grand prix de Rome) d'une
médaille en or et 600 fr. de pension. A cette époque, j'eus occasion d'écrire à M. le comte de Las-
Cases, qui a toujours été pour moi si rempli de
bienveillance, et je lui fis part de cette bonne
nouvelle. Il me répondit aussitôt que, si la demande de M. Berton n'était pas encore envoyée
au roi, il se chargerait avec grand plaisir, si je le
désirais, de la lui remettre. En effet, cette nouvelle marque de bonté de M. le comte de Las-
Cases ne pouvait manquer de m'être on ne peut
plus agréable, et je m'empressai de lui faire parvenir la demande de mon illustre professeur, ainsi

que la partition orchestrée de ma cantate. Il devait
la remettre le lendemain soir au roi, c'était jour
de réception. Le malheur, qui m'a tant poursuivie, lui fit rencontrer, avant d'arriver au salon,
M. le baron Fain, qui lui demanda ce que c'était
que ce rouleau de musique qu'il portait. M. le
comte de Las-Cases lui en apprit le motif. Alors
M. le baron Fain lui dit qu'il s'en chargeait et
qu'il en faisait son affaire. M. de Las-Cases eut la
bonté de m'en faire part, afin que je pusse parta-
ger l'espoir qu'il en avait conçu. Au bout de deux
jours d'une douce attente, je reçus une lettre por-
tant le cachet de la maison du roi. Mon cœur battait si fort que je manquai de me trouver mal;
enfin ma main tremblante brisa le cachet, et mon
pauvre cœur le fut bientôt aussi. En récompense
de mes travaux, M. le baron Fain m'écrivait qu'il
m'envoyait une somme de 200 francs; que, pour
la médaille, la chose regardait M. le ministre de
l'intérieur.—Je fondis en larmes, ma bonne mère
ne pouvait me consoler : j'étais désespérée. Nous
allâmes porter cette fatale nouvelle à mon cher
maître, qui en fut de même bien peiné. Il me dit
qu'il allait faire de suite la démarche près du ministre. M. le comte de Las-Cases de nouveau in-

2.

tercéda aussi de ce côté en ma faveur; mais
M. Cavé répondit que jamais *femme* n'ayant con-
couru pour ce prix, on ne pouvait m'accorder
une médaille, vu que ce serait une innovation, et
qu'il n'y en avait point de frappée. Mais, ajouta-
t-il, puisque l'on me reconnaissait du talent, il
m'envoyait une lettre, afin de me recommander
vivement à M. le directeur de l'Opéra-Comique.
Cela me consola un peu. M. Crosnier me promet-
tait toujours d'admettre mes ouvrages à son théâtre, et ne tenait nullement les promesses qu'il
m'avait faites, ainsi qu'à M. le comte de Las-
Cases, qui a eu l'obligeante bonté de lui écrire si
souvent pour moi.

CHAPITRE VII.

Premier concert.

Nous étions presque réduites , ma bonne mère et moi, à ne vivre que d'espoir !

M. Berton m'engagea à donner un concert, pour tâcher d'adoucir un peu notre position. Je voulus composer, pour cette soirée, une grande scène dramatique, intitulée : *Les Deux Novices.* Je n'en avais encore fait qu'une partie, lorsque le facteur qui me louait mon piano me l'enleva, lui devant trois mois. Me voilà donc arrêtée dans mon

travail, et désespérée, car la soirée devait avoir
lieu dans une quinzaine, et, sans piano, je ne pouvais plus travailler. — J'adressai alors (à titre de
fille d'un officier d'administration de la Marine),
une pétition à M. le ministre de la Marine, que
M. Berton apostilla, afin d'obtenir un secours.
Huit jours s'étaient écoulés, et point de réponse.
Nous nous trouvions *sans rien* chez nous. Ma mère
sortit pour aller chercher un revendeur pour lui
vendre quelques paires de draps ; voyant que nous
avions besoin, il n'en donna pour ainsi dire rien.
Notre boulanger refusait de nous porter notre
pain. Je pleurai toute la nuit de penser où en était
réduite ma pauvre bonne mère ; je ne pouvais supporter une position aussi affreuse pour elle. Elle
me dit : « Chère enfant, j'ai dans l'idée que tu
aura plus de bonheur que moi : vas, toi-même,
chercher un marchand, il sera peut-être plus rai-
sonnable que ceux que j'ai fait venir. » Je me hâtai
de m'habiller, et de lui en envoyer un. Etant tout
près de chez M. Berton, je voulus lui dire un petit
bonjour (je reconnus là le doigt de Dieu). Mon
professeur me dit en me voyant : « Je viens de
recevoir une lettre pour vous du Ministre de la
Marine, avec soixante francs. » Oh ! merci mille

fois, mon cher Monsieur, donnez vite, que je courres vers ma pauvre mère. En un instant je fus près d'elle ; je me jetai dans ses bras, en lui donnant cette bonne lettre qui arrivait dans un moment si pressant. Le marchand que je lui avais envoyé, avait aussi acheté les draps un bon prix. — Nous nous trouvions avec un peu d'argent, je fus bien vite louer un piano pour achever *mes Deux Novices*, et, le jour du concert, ce duo fut exécuté par un contralto et par Mlle Louise Lavoye. Il eut beaucoup de succès.

CHAPITRE VIII.

Je perds mon bien le plus précieux.

J'ai eu mille tourments, mais me voici arrivée au moment le plus affreux !...

Ma bonne mère, depuis quelque temps, était souffrante ; à force de supplications, je la décidai à aller consulter un médecin (elle partageait un peu sur le compte de ceux-ci l'opinion de Molière); néanmoins nous nous rendîmes chez un de nos compatriotes qui exerçait la médecine à Paris. Nous ne trouvâmes que sa femme et sa belle-mère, qui étaient de nos amies, et auxquelles ma mère expliqua ce qu'elle ressentait, leur disant que s'il y avait du *danger*, elle les priait de dire à M. C... de venir la voir ; *sinon* qu'il ne se dérangeât pas. Deux mois se passèrent sans le voir arriver chez nous ; je trouvais que l'état de ma pauvre mère s'aggravait. Elle me disait toujours que j'avais tort de m'alarmer, puisque le docteur n'était pas venu, c'est qu'il n'y avait nul danger. Enfin, un matin, en me réveillant, elle me dit : « Je ne puis me lever, va chercher le médecin, je ne suis pas bien.» Je courus bien vite chez lui ; mais il ne vint que le soir. Quand il sortit de la chambre de ma mère, je le reconduisis jusqu'à l'escalier pour le questionner et savoir ce que je pouvais espérer. Il me dit, sans me préparer au coup affreux qu'il allait me porter : « Votre mère est perdue, il n'y a plus de ressources, on m'a prévenu trop tard!... » L'émotion que je ressentis fut si terrible, que je perdis aussitôt l'usage de la parole, ma langue paralysée s'attacha à mon palais, et cet état dura jusqu'au lendemain matin, où je ne commençai qu'à recouvrer la faculté de parler. Ma mère vit bien que le docteur m'avait effrayée, malgré les efforts que je fis pour lui cacher les angoisses que

je ressentais !...— Il faudrait une autre plume que
la mienne, pour peindre les horribles tortures que
j'ai éprouvées pendant trois mois et demi qu'a
duré cette cruelle maladie ; je vais abréger le supplice que je ressens encore en traçant ces quelques lignes de douleur !...

Le concert que j'avais donné m'ayant été un
peu fructueux, j'eus au moins la consolation de
pouvoir la bien soigner. Je n'ai pourtant jamais
pris de garde, et n'aurais point voulu la quitter
d'un seul instant. Le 14 octobre, à sept heures
du soir, la trouvant plus mal, j'envoyai dire à une
de mes cousines de se rendre près de moi ; elle ne
se trouva justement pas chez elle, et lorsqu'elle
rentra, on oublia de l'en prévenir. Je suis donc
restée seule, près de ma pauvre mère, toute cette
affreuse nuit. A six heures du matin, elle voulut
me parler, mais ses paroles étaient inintelligibles.
Hélas! tout était fini!... J'ouvris ma porte ; une
femme montait avec un pot au lait ; je la saisis
convulsivement par le bras et l'entraînai devant
cet horrible spectacle.... Une tante, que j'avais à
Paris, m'emmena de force de cette maison, où je
laissais tout ce que j'avais eu de plus cher au
monde; car jamais je n'avais quitté ma mère une

seule journée; et qu'allais-je devenir seule dans Paris ?... C'est alors que je regrettai un très-beau mariage que j'avais refusé peu de temps avant ce malheur, et cela dans la crainte de quitter celle que je n'avais plus !...

Je m'arrête ici, chère Fanny ; car le reste de ma journée va être bien attristé par ces cruels souvenirs. Demain je reprendrai ma plume.   .   .   .

.   .   .   .

CHAPITRE IX.

Il ne me reste plus que mon art.

Mon art seul pouvait désormais m'attacher à la vie. Je louai une petite chambre, où je n'avais pour toute distraction et pour *ami* que mon piano. Il me fallait absolument un poème. On m'en donna un intitulé *la Jeunesse de Lully*, opéra en un acte. Je composais toute la journée. En travaillant, j'é-tais souvent inondée de pleurs, et cependant cette musique est bien gaie. Lorsque j'eus terminé ma partition, il fallut faire des démarches ; c'est ce qui me coûtait le plus ; car jamais je n'avais été sans ma'pauvre mère, et je suis naturellement très-timide ; c'est au point que lorsque j'allais pour tirer un cordon de sonnette, je tremblais toujours, et souhaitais presque qu'on me dît que la personne que j'avais à solliciter n'y était pas ; et même, dans un endroit où j'allais très-souvent, je savais que la *maîtresse* de maison avait l'*extrême bonté* de dire à tout le monde que j'étais fort stupide. Cette idée seule suffisait pour m'intimider encore davantage, et par cette raison même on pouvait me supposer un peu plus *sotte* que je ne le suis véritablement.

Je vis M. le directeur de l'Opéra-Comique, afin de le prier de m'accorder une audition, ce qu'il me promit ; mais il n'entendit point cet ouvrage que je venais de composer. En attendant qu'il tînt sa promesse, j'en fis un nouveau en un acte, *le Retour du Tasse*, grand opéra avec récitatifs.

M. Berton me disait que lorsqu'il faisait une nouvelle partition, il était toujours tenté d'écrire sur la dernière page : « Ici, finit le plaisir. » Il avait bien raison. Lorsqu'on compose, on ne pense qu'à son travail ; on ressent une grande sa--

tisfaction quand on a tracé de jolies et gracieuses mélodies : c'est enfin les roses ; mais les épines s'y rattachent après bien vite par toutes les cruelles déceptions que l'on éprouve avant qu'on puisse faire apprécier son travail par le public.

CHAPITRE X.

Un poème m'est donné par M. le Directeur
de l'Opéra-Comique.

Voilà donc cinq opéras que je venais de composer, n'ayant même pas encore *obtenu* une simple audition. C'était vraiment désespérant. Je ne
me décourageai cependant pas, et je continuai de
solliciter. Enfin, un jour je reçus une lettre de
M. le comte de Las-Cases, qui me disait avoir
parlé de nouveau à M. Crosnier, et d'aller voir ce
dernier, qui lui avait positivement promis de
m'admettre à son théâtre. Je me rendis en toute
hâte chez lui. Il me reçut parfaitement, et me dit:

« Mademoiselle, je suis tout prêt à être agréable à
M. le comte de Las-Cases ainsi qu'à vous ; cher-
chez donc un auteur, et priez-le de venir s'*entendre* avec moi sur un ouvrage en un acte, que je
vous représenterai aussitôt que vous en aurez écrit
la partition. » Je sortis bien joyeuse de chez lui.
Je demeurais à cette époque dans la maison de
M. Achille Dartois, que justement je rencontrai
dans l'escalier. Il me souhaita le bonjour, et je lui
fis part de la joie que j'éprouvais, ainsi que de
mon embarras à trouver un auteur qui voulût
bien me donner de suite un poème. « Ah ! s'écria
M. Dartois, Crosnier vous trompe, je connais tout
ça, il ne vous jouera point. Mais, repris-je, il a
donné parole à M. de Las-Cases. — Oh! alors,
c'est différent, il en a besoin, et s'il en est ainsi,
moi et mon frère, demain, nous nous rendrons
chez lui et nous vous ferons immédiatement un
opéra. Je le remerciai beaucoup, et rentrai chez
moi encore bien plus contente. Le lendemain il
vint me voir, et me dit que son frère et lui s'é-
taient *entendus* avec M. Crosnier, et que c'était
une affaire conclue; que dès qu'ils auraient terminé leur manuscrit, ils obtiendraient lecture,
et qu'une fois *accepté* il me serait remis.

J'attendis à peu près trois semaines. M. Achille Dartois, au sortir de la lecture, étant forcé de se rendre à la campagne ce jour même, m'écrivit que son poème avait été reçu à L'UNANIMITÉ, et que le lendemain il viendrait me le remettre.

Comme je trouvai le temps long! Il arriva à quatre heures, et sortit de sa poche son manuscrit. Oh! donnez vite, m'écriai-je! — Halte-là, dit-il, je ne vous le donne point ainsi. — Que voulez-vous dire, Monsieur? — Je veux dire qu'avant de vous le livrer, il faut que vous m'écriviez une petite lettre dans laquelle vous reconnaîtrez que si, à l'audition de votre musique, mon frère et moi nous ne la trouvions pas bonne, nous pourrions reprendre notre manuscrit et en disposer en faveur d'un autre compositeur (1). — Oh! c'est M. Crosnier qui exige cela, m'écriai-je avec désespoir, pour ne point encore m'admettre; non, Monsieur, je ne ferai jamais une chose semblable.

M. Dartois, voyant que j'avais deviné juste, re-

_____

(1) On sait que lorsqu'un directeur fait remettre à un compositeur un poème *reçu*, celui-ci a, de droit, sa musique admise, sans même audition.

prit d'un ton doux et patelin : « Je vous assure
» que non ; ce n'est simplement qu'une petite
» garantie que mon frère exige, ne connaissant
» pas votre musique ; moi qui ai déjà entendu une
» de vos partitions, je n'en suis nullement in-
» quiet ; vous ne doutez pas du vif intérêt que je
» vous porte. » — Eh bien ! Monsieur, je réflé-
chirai là-dessus ; mais, je vous en supplie, laissez-
moi votre manuscrit. — C'est impossible ; et, re-
prenant son livret qu'il avait posé sur ma table,
il se disposait à s'en aller. Dire ce qui se passa en
moi ne peut se décrire. Depuis si longtemps que
j'attendais un *poème reçu*, le voir là, pour ainsi
dire entre mes mains (le bonheur enfin), et prêt à
m'échapper. Oh ! il eût fallu avoir plus d'expé-
rience que je n'en avais alors ; je ne connaissais
pas encore *le monde :* hélas ! maintenant, à mes
dépens, j'ai le malheur de le connaître ! Je dis le
malheur, et c'est à tort, car je ne serais point aujourd'hui victime d'une semblable mystification.

M. Dartois, voyant mon hésitation, tâcha de me
convaincre que je n'avais rien à craindre en faisant cette lettre qu'il me demandait : la chose
était si bien convenue. Il tira une copie de sa poche. Voilà à peu près ce qu'elle contenait : « Je

» m'engage à rendre le manuscrit du *Mousque-*
» *taire* aux auteurs, MM. Dartois, si, à l'audition
» de la musique, elle ne leur paraissait pas suscep-
» tible de réussir, etc. » — C'est en tremblant
que je traçai ce fatal arrêt. — Il me remit alors le
manuscrit, me disant de lui écrire à la campagne,
dès que j'aurais composé le premier morceau, afin
qu'il vienne l'entendre, et s'en alla, en me disant :
Bon courage. — Courage!... oh! oui, il m'en
fallait; car un pressentiment m'avertissait de ce
qui m'est arrivé. — Le lendemain, je me mis au
piano, et je commençai *ma sixième partition,* le
Mousquetaire.

CHAPITRE XI.

Où l'on voit qu'un pressentiment ne trompe pas.

Mon premier morceau était un quatuor avec romance. J'avais le visage inondé de larmes en po-
sant mes premières notes, à cause de cette fatale
et cruelle lettre, que j'avais toujours là présente à
la pensée. Peu à peu me remettant, je me sentis
inspirée et travaillai jusqu'au moment de me rendre à l'Opéra-Comique (car M. Crosnier me donna,
à partir de ce jour, *deux entrées*). J'y allais chaque
soir, non simplement pour me distraire, mais bien

encore pour travailler. J'avais pris un abonnement
de partitions d'orchestre, et j'emportais avec moi
celle des ouvrages qui y étaient représentés, ce
qui me fit beaucoup gagner pour mon instrumentation.

Mon premier morceau achevé, j'écris à M. Dartois ; il arriva le lendemain et me pria de le lui
faire entendre. Il me le fit chanter à plusieurs reprises, et en était très-content ; il me dit de continuer aussi bien, et que je n'aurais *rien à craindre*. Il trouva le second et le troisième morceau encore mieux, et enfin toute la partition. Il en paraissait enchanté ; lorsque je lui parlais de la *lettre
en question*, j'avais cru remarquer en lui toujours
un certain embarras.

Ma partition terminée, je me rendis chez M. Crosnier et lui demandai *un jour* pour l'audition de
ma musique. — Comment ! s'écria-t-il, elle est
déjà finie !... Eh bien ! allez de ma part chez tels
et tels artistes de mon théâtre, je veux que ce soit
eux qui chantent. — Mais, Monsieur, lui obser-
vai-je, ils n'auront pas le temps de s'en occuper,
et j'avais déjà donné les rôles à des artistes en dehors de votre théâtre. Il ne me céda point là-dessus, et il avait bien ses raisons pour cela, comme

la suite l'a prouvé. — Nous répétâmes *une seule fois*, et le jour de l'audition fut fixé pour le sur-lendemain à trois heures. M. Crosnier me dit : « Comme vous demeurez dans la màison de » M. Dartois, je compte bien sur vous, Mademoi-» selle, pour ne pas manquer de le prévenir. » En effet, je fus l'avertir de suite, je lui trouvai l'air encore plus embarrassé. Je lui dis, que me méfiant toujours de M. Crosnier, j'avais été prier M. le comte de Las-Cases de vouloir bien assister à l'audition de mon opéra. Malheureusement il par-tait le soir même pour Angers ; que j'en étais dé-solée ! Oh ! que c'est fàcheux pour vous, dit vive-ment M. Dartois. Oh ! Monsieur, l'on veut donc me tromper ? lui dis-je. Eh non! reprit-il, s'effor-çant de sourire, et s'apercevant de l'inconvenance des mots qui venaient de lui échapper. — Ces deux jours qui précédèrent mon audition furent affreux pour moi : je flottais entre la crainte et l'espérance. — Enfin, je me rendis au théâtre avec quelques personnes de mes amies. Un des artistes demanda : Où donc est le *Comité* ? (J'a-vais l'oreille et l'œil partout.) On lui répondit à demi-voix et avec un sourire moqueur : *Il n'y en a pas*. — Ces mots me glacèrent, et je m'avançai

vers une des dames qui m'accompagnaient et lui
dis que je venais d'entendre dire qu'il n'y avait
point de *Comité*. Vous voyez que je suis perdue,
c'est un semblant d'audition que l'on m'a accordé,
je suis horriblement *jouée*, et je ne veux point
faire entendre mon opéra ; je vais le prendre et
dire à M. Crosnier, que lorsque véritablement il
y aura un *Comité*, je ferai exécuter mon œuvre.
— Gardez-vous bien de faire un pareil coup de
tête, me dit cette dame, je suis persuadée, moi,
qu'il recevra votre ouvrage.

Cette dame était Mme Ampère, veuve du membre de l'Institut. Elle existe encore aujourd'hui.

On venait de répéter un opéra en trois actes, de
sorte que plusieurs artistes, ainsi que la *claque*,
se trouvèrent réunis et furent se placer au parterre. M. Crosnier y était aussi, et tirant sa montre il dit : Trois heures un quart, et les MM. Dartois ne sont pas ici ; est-ce que vous auriez oublié,
Mademoiselle, de les faire prévenir. Je lui répondis
que non, et que moi-même j'étais surprise qu'ils
ne se soient pas déjà rendus à l'heure indiquée.
On attendit encore un quart d'heure, et M. Crosnier, se levant avec humeur, ordonna de commencer sans eux.

Je ne chercherai point à décrire l'état pénible
dans lequel je me trouvais pendant cette exécution. Le théâtre, à peine éclairé, les artistes ne pouvaient même lire leur rôle. Vers le milieu du premier morceau, à un *point d'orgue*, des applaudissements partirent du parterre; à la fin de ce morceau, mêmes applaudissements, mais M. Crosnier,
frappant de sa canne, leur imposa silence et leur
défendit d'applaudir (c'est une personne de mes
amies, qui s'était glissée au parterre afin d'entendre les observations que pourrait faire M. Crosnier,
qui m'apprit cela). — Le froid le plus glacial ré-
gna après cet ordre. Enfin, on exécutait *le dernier
morceau*, lorsque arrivèrent les frères Dartois. Je
les vis entrer et aller se placer près du directeur.
Presque immédiatement ils sortirent tous ensemble sans me dire un seul mot. Mes amies m'em-
menèrent et commencèrent à voir comme moi que
mon audition n'était pas sérieuse. Cette journée,
celle du lendemain furent affreuses de désespoir
pour moi!... Le troisième jour je reçus une lettre,
je reconnus l'écriture de M. Dartois. Je la froissais
convulsivement dans la main; je la tenais ainsi il y
avait déjà une heure, sans l'avoir encore ouverte,
lorsqu'on sonna chez moi. Ce coup de sonnette

me fit revenir de la stupeur dans laquelle j'étais
plongée : c'était justement la personne qui avait
été au parterre, et qui venait savoir si j'avais appris quelque chose. Oui ! m'écriai-je, voici une
lettre qui m'apprend que je suis refusée !... Voyons,
mais elle n'est point décachetée ! vous ne savez pas
ce qu'elle contient. — Oh ! je n'ai pas besoin de
l'ouvrir, je connais d'avance son contenu. J'avais
les nerfs dans un tel état d'irritation, que ce ne
fut qu'avec beaucoup de peine que l'on parvint à
m'arracher cette fatale lettre. Voici ce qu'elle contenait : « Mademoiselle, mon frère et moi sommes
» vraiment désolés de la détermination que nous
» sommes forcés de prendre en vous retirant no-
» tre manuscrit; mais ayant assisté à votre audi-
» tion, nous avons reconnu que votre musique
» était *inexécutable*. Croyez au vif regret que nous
» éprouvons, et agréez, etc. Signé, Achille DAR-
» TOIS. »

Mon indignation était à son comble, en voyant
qu'ils osaient dire : *nous avons assisté à votre au-*
dition, et qu'ils n'étaient arrivés qu'*au dernier*
morceau. — Je versai un déluge de larmes, qui
me soulagèrent un peu, et le lendemain, mon
pauvre esprit abattu se releva, et comme je savais

que ma musique était très *exécutable*, je formai le projet de la faire entendre publiquement. Avant, je voulus m'adresser à un chef d'orchestre, auquel je confiai ma partition, en le priant de me dire s'il trouvait ma musique *inexécutable*. Au bout de quelques jours il me la renvoya, disant que non-seulement elle était on ne peut plus *exécutable*, mais encore susceptible d'un succès à l'Opéra-Comique ; qu'il m'engageait beaucoup à la faire entendre, afin de donner un *démenti formel* à MM. Dartois et Crosnier, et qu'il se mettait à ma disposition pour conduire et même me donner un orchestre.

CHAPITRE XII.

Mon premier procès.

Je fus transportée de joie et sentis mon courage renaître. Je m'adressai à une artiste de l'Opéra, qui avait une voix magnifique (Mlle de Roissy). C'est avec crainte que j'allai la trouver, ne la connaissant point, et lui racontai ce qui venait de m'arriver, en lui demandant son concours. Je vous l'accorderai avec plaisir, me dit-elle, si votre musique me convient.; justement j'ai le temps aujourd'hui de l'examiner. Je la lui fis donc chanter; elle en fut satisfaite et me dit qu'elle acceptait un rôle avec infiniment de plaisir, et que de plus, elle se chargeait de trouver, à l'Opéra, de bons artistes pour interpréter les autres. Effectivement, mon opéra fut bien monté, il y avait six rôles. — Je ne pouvais payer pour faire copier mes parties d'orchestre, aussi je veillais tous les jours jusqu'à minuit ou une heure, et copiai ainsi tout mon opéra.

Nous avions déjà fait plusieurs répétitions , lorsque les frères Dartois apprirent que je me disposais à le faire entendre ; ils formèrent aussitôt *une opposition*. J'allai consulter un avocat qui me fit leur intenter un procès. Voilà donc mes répétitions forcément arrêtées. — Lorsque cette affaire passa au tribunal de commerce, on nomma pour arbitre, afin d'entendre la musique, M. Auber. Je le récusai ; lui, travaillant pour l'Opéra-Comique, il ne pouvait naturellement être contre le directeur, et par conséquent *juge*. On désigna en second M. Adolphe Adam. Mon avocat fit la juste observation qu'il se trouvait dans les mêmes conditions que M. Auber, mais on le maintint, et je fus lui porter sa lettre. M. Adam écrivit au tribunal pour se récuser. On nomma en troisième,

M. Collet, qui, voulant aussi arriver à l'Opéra-Comique, ne dut pas plus accepter que M. Adam. Alors on se détermina à *juger* l'affaire sans *entendre* la musique. — Je reçus l'invitation de me rendre dans le cabinet du président. MM. Crosnier et Dartois devaient s'y trouver ; il n'y eut que ces derniers qui vinrent. J'étais accompagnée d'un ancien avocat, qui me voyant souvent dans une maison, voulut bien s'intéresser à moi.

Le président donna la parole à M. Achille Dartois, qui aussitôt s'en servit pour m'accabler d'injures ; il finit en disant : qu'il fallait qu'une artiste se respectât bien peu pour oser attaquer des hommes comme *eux*. M. le président fut souvent obligé de lui imposer silence, en le priant de s'observer un peu plus. J'eus ensuite la parole et répondis avec un grand sang-froid (car lorsque le bon droit est de son côté, on en a toujours) : « Il » me semble, Monsieur, qu'*un père de famille* s'est » bien moins respecté, en se permettant de faire » une chose semblable à celle dont il s'est rendu » coupable envers une personne qui avait mis en » lui *toute sa confiance*. » — Ça n'empêche pas, reprit-il avec fureur et m'interrompant, que je d'rai partout que votre musique est on ne peut

plus mauvaise. — Vous n'avez pas toujours tenu
ce langage, lui dis-je ; chaque fois que je vous la
faisais entendre, vous ne saviez quel éloge en
faire. — Ce n'est pas vrai. — Vous osez le nier
aussi, Monsieur; au fait, je n'avais pas là de témoins : mais vous ne vous êtes point contenté de
le *dire* à moi seule, car M. le président a une *certaine lettre* qu'il peut vous mettre sous les yeux et
vous donner ici un démenti formel. — Comment
cela ? — Oui, Monsieur, reprit le président, voici
cette lettre qui est de la femme d'un avocat, à laquelle vous avez dit souvent que la musique de
Mlle de la Roche Jagu était *vraiment délicieuse* et
qu'elle méritait sous tous les rapports de réussir.
— Oh ! elle me le payera, s'écria M. Dartois. —
Ensuite, Monsieur, lui dit le président, une
preuve bien convaincante assurément, que votre
intention était d'induire en erreur Mlle de la Roche
Jagu, c'est qu'en lui remettant votre poème, vous
l'avez *remis* aussi, et cela *en même temps* qu'à elle,
à M. Georges Bousquet. En effet, lorsque le procès
a été commencé, M. Crosnier a activé les répétitions du *Mousquetaire*, dans la crainte qu'on ne le
forçât de jouer mon opéra, moi, gagnant le procès.
Une de mes cousines était venue me prévenir que

M. Bousquet, qu'elle connaissait, avait eu à la *même époque* que moi le poème du *Mousquetaire* et qu'il allait être représenté sous peu, étant en répétitions. — Chaque fois que je sortais, je regardais en tremblant l'affiche. Un jour que je n'avais point quitté la maison, il vint une personne me voir, je lui demandai ce que l'on donnait à l'Opéra-Comique; elle me dit : telle et telle pièce. Ah ! le *Mousquetaire* n'est pas affiché encore ? je respire ! — Le lendemain matin je sors et n'ai rien de plus pressé que d'aller droit à l'affiche. Mais, grand Dieu ! que vois-je ? *Seconde représentation du Mousquetaire*. Je faillis me trouver mal, et m'en retournai de suite chez moi, suffoquée par mes larmes ; je pleurai toute la matinée. Vers quatre heures, je reçus un paquet de journaux qui annonçaient que cet opéra avait été fort mal accueilli du public. C'est alors que je respirai avec bonheur (ici j'en demande pardon à la mémoire du compositeur); mais s'il eût été à ma place il en eût certes bien fait autant. Je formai le projet d'aller à la troisième représentation, mais elle n'eut pas lieu.

J'en reviens à mon procès ; M. le président me donna la parole afin d'expliquer quelles pouvaient

être les vues des MM. Dartois dans cette affaire.
Les voici, lui dis-je :

MM. Dartois ont assurément obtenu bien des
succès, mais dans des théâtres secondaires.
M. Crosnier, résolu à ne pas admettre à son
théâtre d'autres auteurs *que ses habitués*, et
ne voulant pas avoir l'air de me *refuser*, l'ayant
promis à M. le comte de Las-Cases, qui lui
avait rendu service pour ses subventions, a donc
confié à ces Messieurs ses intentions à mon égard,
et leur a dit : « Si vous voulez faire écrire une
» lettre à Mlle de la Roche Jagu, par laquelle vous
» pourrez *seuls* lui retirer votre poème, je m'en-
» gage, non seulement à vous jouer de suite ce
» petit opéra (que vous donnerez en même temps
» qu'à elle à un autre compositeur), mais bien
» encore à vous représenter celui en trois actes
» dont vous m'avez *parlé*. » — Les frères Dartois
n'hésitèrent pas et signèrent ainsi la perte d'une
courageuse et persévérante artiste. Ils ont cru se
servir de moi comme d'un marchepied pour arriver sûrement à leurs désirs. Je terminai ainsi :
Je ne me fais point d'illusion, Monsieur le président; mon avocat demande pour moi trois mille
francs de dommages-intérêts, ainsi que la repré-

sentation de mon ouvrage à l'Opéra-Comique;
mais les débats de cette affaire devant se clore sans
avoir pu faire entendre ma musique, naturellement le tribunal ne peut savoir si elle est *exécutable* ou non *exécutable*. J'en appelle donc ici à
votre justice ; je ne demande qu'une chose : « c'est
» qu'il me soit accordé de pouvoir, du moins,
» faire entendre ma partition publiquement, et de
» prouver ainsi que je suis en état de travailler
» pour le théâtre. »

CHAPITRE XIII.

Un succès à l'Hôtel-de-Ville.

Huit jours après, le jugement fut prononcé. On m'accorda ce que je demandais ; seulement, il fallut changer les paroles, ainsi que le titre. Un auteur eut la complaisance de s'en charger, et ce travail fut promptement fait. — Après huit mois que dura mon procès, les bons et excellents artistes que j'avais, recommencèrent avec plus de zèle encore les répétitions. M. le comte de Las Cases m'obtint la grande salle de l'Hôtel-de-Ville.

Mon procès avait été assez ébruité dans les journaux pour exciter la curiosité publique ; aussi, de tous les côtés, recevais-je des demandes d'invitation. La veille, lorsque je me rendis à la répétition générale, Mlle de Roissy me dit : « Il est arrivé » un malheur à M. Menguis, qu'allons-nous de- » venir !... hier, en se rendant à l'Opéra, il gelait » si fort qu'il est tombé et n'a pu jouer, s'étant » fortement fracturé la jambe; on l'a même rem- » porté chez lui. » — Ah ! mon Dieu, je suis per- due !... j'ai lancé plus de deux mille invitations, que faire ? Ne vous désespérez pas , reprit Mlle de Roissy, et répétons toujours.—A l'issue de la répétition, je me rendis chez moi. Mon concierge me remit une lettre, je me doutai qu'elle était de M. Menguis. En effet, je vis sa signature, et n'osai la lire, dans la crainte de voir s'évanouir encore toutes mes espérances. Je fus bien vite rassurée. Cet artiste de cœur me disait qu'il souffrait beaucoup, mais qu'il appréciait trop l'embarras dans lequel je me trouverais le lendemain, s'il me manquait ; donc, je pouvais compter sur lui, malgré les vives douleurs qu'il ressentait. — Je lui en garderai toujours un profond souvenir de reconnaissance.

4

Le lendemain, *jour* de mon audition, je reçus un grand nombre de personnes qui venaient me demander des billets. A 4 heures, je fis défendre ma porte, afin de me préparer. C'était le seul moment de la journée où, pour ainsi dire, je me trouvai seule, et libre de *penser*. Je me mis à table, lorsque, réfléchissant que dans quelques heures j'allais me trouver sur la *sellette* et jugée par un public qui, peut-être, serait prévenu contre moi, cette idée me fit repousser la côtelette que je me préparais à manger ; il me prit un tremblement qui ne me quitta plus. Enfin, à 6 heures une amie de ma mère vint me prendre : arrivée près de l'Hôtel-de-Ville, mon émotion redoubla en voyant la foule immense qui déjà se pressait aux portes. Les artistes ne tardèrent pas à arriver. La bonne demoiselle de Roissy, me voyant si émue, me dit que j'avais tort d'avoir peur, car elle ne doutait pas d'avance de mon triomphe. — A 7 heures et demie, la salle était comble, on fut forcé de faire fermer les portes. La plus belle société y était réunie. Les musiciens se placent, le chef d'orchestre a déjà son archet en l'air, le plus grand silence règne. Ce ne sont que les auteurs qui me liront qui, seuls, pourront comprendre la vive émotion que je devais ressentir à cet instant où mon sort allait être décidé. — J'étais allée me cacher dans un petit coin, sur l'estrade. Enfin, l'ouverture est jouée, elle est fort applaudie (c'était de bon augure). Vint ensuite un quatuor (avec romance) chanté si admirablement par Mlle de Roissy, que les applaudissements partirent de tous côtés. Je commençais un peu à me rassurer. Tout l'opéra fut accueilli avec le plus grand enthousiasme. Après le final, j'entendis des cris, je ne pouvais distinguer ce qu'on disait, et j'allais sortir de ma cachette pour en savoir la cause, lorsque vint à moi l'un des artistes qui avait chanté, me disant : Vite, Mademoiselle, on vous appelle, venez donc. Oh ! je n'oserai jamais paraître, lui répondis-je. — J'étais si loin de m'attendre à un pareil succès, que mon émotion en avait encore redoublé, et je me laissai machinalement entraîner sur la scène, où je fus saluée par plusieurs salves d'applaudissements.

Que j'étais heureuse ! comme toutes les peines que j'avais éprouvées pour en arriver là, furent effacées en cet instant suprême. — Mlle de Roissy fut ensuite redemandée, et c'était bien justice, car elle avait chanté tout son rôle avec tant d'entrain et de talent, que je lui devais bien une partie de mon succès. — Quantité de personnes vinrent me féliciter au foyer ; tout le monde blâmait hautement le directeur de l'Opéra-Comique, d'avoir refusé cet ouvrage ; puisqu'il avait si bien réussi dans une simple audition, on pouvait espérer (ici, sans présomption) un succès durable, ayant de plus le prestige de la scène.

En rentrant chez moi, je ne pus m'empêcher de verser quelques larmes bien amères, en pensant à ma bonne mère, qui aurait été si heureuse du succès que je venais de remporter. — Le lendemain matin, je m'empressai de l'écrire à mon père, qui déjà était très-malade, et j'eus la douleur de le perdre quelques mois après. Ce fut pour moi une double perte, car il m'envoyait 50 fr. par mois, et je fus tout à coup privée de toutes ressources. Que faire ? que devenir ?... — M. Crosnier venait de quitter la direction de l'Opéra-Comique, M. Basset le remplaça.

CHAPITRE XIV.

A qui le jouera mieux.

M. le comte de Las Cases, dont la bienveillante
bonté ne s'est jamais ralentie afin de tâcher de me
faire réussir, me donna une lettre pour ce nouveau directeur. Je la lui portai et lui demandai
une audition. Il me l'accorda et me dit qu'il m'é-
crirait le jour où son comité serait prêt. Après
quelque temps d'attente, je reçus une lettre de
son secrétaire, qui me priait, de la part de M. Basset, d'envoyer deux morceaux de ma partition,
afin de voir *s'il y aurait lieu* à m'accorder une
audition. Je vis bien par là que *quelqu'un* m'avait
desservie près de lui ; son prédécesseur m'avait

4.

rendue méfiante.—Ne voulant donc pas être dupe, je lui préparai *une* innocente ruse qui me réussit : je pris deux morceaux de ma partition (la *Jeunesse de Lully*), j'écrivis mon nom sur un papier et le mis dans une des feuilles de musique que je *cachetai*. Ensuite je fis un rouleau et l'envoyai au secrétaire, qui me dit que sous huit jours je pourrais me présenter pour avoir la réponse. La semaine s'étant écoulée, je me rendis chez le secrétaire, qui, lorsqu'il m'aperçut, prit un air contraint et embarrassé. — Eh bien ! Monsieur, lui dis-je en souriant, on n'a pas trouvé sans doute, je le vois à votre air, ma musique digne d'obtenir une audition? J'en étais très-persuadée d'avance. — Et pourquoi en étiez-vous certaine d'avance, Mademoiselle, reprit-il un peu sèchement ; en effet, on l'a examinée, et on la trouve mauvaise. — Oh ! c'est parce qu'on savait que c'était de moi, lui dis-je, et la prévention était là. — Vous êtes dans l'erreur, Mademoiselle, car on ne nomme jamais l'auteur. — Il me semble pourtant, Monsieur, que ce rouleau n'a point été défait, et je vais à l'instant vous en donner la preuve convaincante, puisque j'ai mis mon nom dans une des pages. Voyons si elle a été décachetée. J'ouvris le rouleau, et lui montrai, à sa grande stupéfaction, que ladite page n'avait point été décachetée. Je le priai alors de dire à M. Basset que je n'étais pas assez simple pour croire ce qu'il me disait, et que cela me décidait à donner une audition publique de mon opéra (la *Jeunesse de Lully*) comme j'en avais donné une du *Jeune Militaire ou la Trahison*, opéra que M. Crosnier avait refusé comme étant *inexécutable*, et que le *public*, le *seul* et *véritable juge*, avait daigné accueillir favorablement.

Je me rendis chez Mlle de Roissy, qui rit beaucoup du tour que je venais de jouer, et qui me dit de lui donner le rôle du nouvel opéra que je voulais faire entendre, et qu'elle s'en chargerait encore avec plaisir. — C'est une personne pleine de cœur et d'excellentes qualités; fille d'un médecin, elle avait reçu une fort belle éducation; ayant éprouvé des malheurs, elle fut contrainte d'entrer au théâtre. Je me suis liée d'une vive amitié avec elle et sa bonne mère; les trouvant à chaque instant de la journée toujours seules chez elles, s'occupant comme de bonnes femmes de ménage. Cet intérieur m'a été très-agréable, et je regrette vivement qu'elles soient fixées aujourd'hui en Italie.

CHAPITRE XV.

Audition de *Lully :* succès !

Mlle de Roissy prit le rôle de Lully ; je l'arrangeai pour sa belle voix, si vibrante et si flexible ; elle l'a dit avec une rare perfection. Elle m'eut de nouveau de bons artistes de l'Opéra, et cette audition eut lieu encore à l'Hôtel-de-Ville, où mon succès fut complet ; de même, pour cet opéra, je fus rappelée comme je l'avais été pour l'autre.

A cette époque, il existait une succursale d'opéra comique au théâtre de Montmartre, et le directeur, M. Daudé, me demanda cet ouvrage pour être représenté sur son théâtre. Cette proposition m'était trop agréable pour ne pas m'empresser de l'accepter, car là, du moins, j'aurais le prestige de la scène. Dans ces entrefaites, la directrice du théâtre de Brest vint à Paris et m'engagea à venir dans ma ville natale faire jouer cet opéra; qu'elle me donnerait 400 francs pour la copie de la partition. Je lui dis que je le voulais bien, mais que je ne partirais qu'après que j'aurais vu s'il réussissait au théâtre de Montmartre. Revoir mon pays me faisait battre le cœur, mais que de tristes et cruels souvenirs!... Je n'avais plus là que quelques véritables amis. La plupart de mes parents ne s'occupaient nullement de mon sort, car, lorsque l'on sait qu'on a une nièce, une cousine dans une position critique et malheureuse, on lui ferme et son cœur!... et sa bourse!...

CHAPITRE XVI.

Première représentation de *Lully* au Théâtre
Montmartre.

En attendant que mon opéra eût son tour pour
être représenté au théâtre de Montmartre, je copiais
toute la journée, sans bouger, ma partition, afin
de gagner les 400 francs qu'on devait me donner
à cet effet. — Mes répétitions commencèrent à
Montmartre, et le 26 décembre, ma première représentation eut lieu. Mon émotion fut encore là
bien grande; je n'avais eu que quatre billets pour
mes amis. Si le premier coup d'archet me fit une

vive impression, lorsque l'on exécuta mon premier opéra ici, le lever du rideau m'en occasionna une bien plus forte. La *Jeunesse de Lully* réussit au delà de mes espérances; les journaux sont là, qui en *font foi;* car, étant privée de fortune, je n'aurais certes pu payer des articles, et j'en ai eu pourtant de bien *encourageants.* J'en conserve un doux souvenir de reconnaissance à MM. les journalistes. — Lorsque le rideau fut baissé, on demanda de tous côtés l'auteur, et le régisseur vint, au bruit de vifs applaudissements, me nommer. Si j'avais eu le bonheur d'avoir ce succès-là au théâtre de l'Opéra-Comique, je serais aujourd'hui dans une toute autre position que celle où je suis réduite par le mauvais vouloir des personnes qui sont à même de faire réussir et qui y mettent entrave.

En rentrant du théâtre, je t'écrivis, bonne Fanny, pour t'annoncer ma réussite, ainsi que mon arrivée à Brest, comme tu avais eu la bonté de me dire que tu ne voulais pas que j'allasse ailleurs que chez toi.

J'achevai en toute hâte mes préparatifs de départ, et je me mis en route le surlendemain; je ne puis pas dire sans tambours ni trompettes, car

j'étais munie de toutes mes parties d'orchestre. —
Mon voyage fut très-pénible ; une pauvre femme
toute seule, c'est triste de voyager ainsi. Il faisait
un froid horrible ; je trouvai la route d'une lon-
gueur insupportable ; plus j'approchais de la ville
qui avait vu naître mes premières émotions artistiques, plus j'en ressentais d'autres bien cruelles !
Ma bonne mère, que je n'avais plus ! mon pauvre
père, que je ne retrouverais plus là pour recevoir
sa chère enfant. Oh ! que ces pensées étaient amères et affreuses !...

CHAPITRE XVIII.

Je revois mon pays natal.

J'arrivai le 30 décembre, à 10 heures du soir. Mon amie s'était informée de l'heure à laquelle arriverait la diligence; on lui dit que ce serait entre onze heures et minuit, de sorte que je ne trouvai personne au bureau. On me remit un billet de sa part, où elle me disait qu'elle serait là, à l'heure indiquée, pour me presser sur son cœur.

J'avais omis de prendre un passeport, et, rendue aux portes de la ville, l'on fit des difficultés à me laisser entrer : j'avais beau dire que j'étais une

5

enfant de la ville. Heureusement que j'avais dans
mon portefeuille mon *diplôme*, comme membre
de l'Athénée des Arts, ce qui leva tous les doutes,
et on me laissa passer. Je pris alors un commis-
sionnaire pour transporter mes effets. Je fus reçue
à bras ouverts par la mère et le père de mon
amie; on prévint de suite cette dernière de mon
arrivée; elle quitta avec empressement la soirée
où elle était, et notre bonheur à toutes deux fut
bien grand de nous revoir.

Elle me fit servir à souper, et nous restâmes à
causer jusqu'à deux heures du matin. Je ne pensais plus à ma fatigue, tant j'étais heureuse de
pouvoir m'épancher avec cette excellente amie.—
Le lendemain, dès que j'eus fait ma toilette, je
sortis pour aller voir quelques-unes de mes bonnes amies, ainsi que ma famille. Je n'oubliai pas
le bon M. Lesage ; ne le trouvant pas, je lui laissai
un mot. Il se rendit en toute hâte chez mon amie
pour me voir. Ah ! mon cher Monsieur, lui dis-je,
ce n'est certes pour vous faire un reproche de
m'avoir fait aller à Paris; mais que de peines et
de tribulations n'ai-je pas eues ! — C'est vrai, ma
chère enfant, me dit-il; mais quel est l'auteur qui
soit arrivé sans en avoir éprouvé? Je suis cer-

tain, moi, que vous parviendrez; il ne vous manquait que de faire de bonnes et profondes études. Vous les avez faites maintenant! Le courage et la persévérance ne vous ont jamais abandonnée. Ainsi donc, confiance et espérance. Il me tarde, ajouta-t-il, de voir vos nouveaux travaux, et je me mets à votre disposition pour vous accompagner au théâtre, afin de suivre les répétitions.

Les journaux de Brest avaient annoncé mon arrivée, les deux chefs d'orchestre du théâtre vinrent me rendre visite, et prendre connaissance de ma partition. — Je n'avais point passé *d'écrit* avec la directrice, elle ne voulut plus me donner les 400 fr. qu'elle m'avait promis à Paris et qu'elle devait me remettre à Brest, pour la copie de ma partition. Comme je n'étais guère pourvue de fonds, j'en fus vivement contrariée, mais j'espérais en avoir un peu par le concert que j'avais l'intention de donner.

Mon opéra fut mis en répétition. Lorsque j'y allais, j'étais toujours accompagnée de mon bon papa Lesage, ainsi que de la femme de chambre de mon amie (bonne et excellente fille qui a montré pour moi un dévouement admirable, et à qui je serais bien heureuse un jour de donner une

marque de ma vive reconnaissance); elle a rompu
bien des lances pour moi, ainsi que toi, ma chère
Fanny. On n'est jamais prophète dans son pays
(comme dit le proverbe). Les *cancans* d'une ville
de province allaient leur train. On prétendait que
mon ouvrage ne devait rien valoir, puisqu'il n'a-
vait point été joué à l'Opéra-Comique (belle con-
clusion). Ma pauvre amie rentrait souvent désespérée de ce qu'elle avait entendu dire par l'un
et par l'autre ; à cela, je partais d'un éclat de rire,
et tâchais de la *remonter*. Presque tous les professeurs me décriaient, ils craignaient que je ne
voulusse me fixer à Brest pour professer. La chose
était assurément loin de ma pensée.

Quinze jours avant ma première représentation,
les places étaient toutes louées ; la curiosité ne
pouvait manquer d'être excitée, que ce soit par
intérêt ou *non*, le fait est que la salle était pleine.
— J'avoue que ce jour je ne riai pas du tout, et
que je partageai un instant les craintes de mon
amie. Il n'y a point de loges *grillées* à Brest, de
sorte que je fus forcée d'en prendre une qui se
trouvait dans le milieu, en me mettant dans le
fond, on ne pouvait me voir. Ma bonne Fanny
était sur le devant, avec sa charmante petite fille :

cette bonne petite que j'aime tant, me voyant un
peu émue, ne faisait que m'embrasser, me disant :
N'ayez pas peur, bonne amie, ça ira bien. Ne me
parle pas, lui dis-je, chère petite, ou tu vas me
faire pleurer. Malgré la grande envie que j'en avais,
je ne pus cependant m'empêcher de rire, de voir
tous les yeux et toutes les lorgnettes dirigés sur
ma loge, comme si l'on pouvait me voir ; cela, à
travers mes craintes, m'amusait beaucoup.

CHAPITRE XIX.

Mon opéra de *Lully* au théâtre de Brest.

L'ouverture commence, et des applaudissements après se font entendre. Mon joyeux chœur des marmitons fait son effet, il est applaudi ; mais je m'aperçois que, dans les couplets, la première chanteuse n'est pas bien disposée. En effet, elle avait eu une forte querelle avec la directrice pour son costume, ce qui lui avait occasionné une attaque de nerfs, et lui retira une partie de ses moyens. L'opéra en souffrit, car c'était le principal rôle ; il n'en fut pas moins applaudi. Cependant je trouvai mon succès bien mince, auprès de celui que j'avais obtenu au théâtre de Montmartre.

Mon opéra était encore affiché pour le lendemain, la première chanteuse prit sa revanche et chanta parfaitement son rôle ; mon succès, ce jour-là, fut bien plus grand. Beaucoup de personnes vinrent me complimenter dans ma loge. On jeta sur la scène des vers et une couronne de laurier. Voici ceux qui étaient attachés à la couronne :

(A l'auteur de la Jeunesse de Lully.)

Vos inspirations ont enchanté nos cœurs,
L'art y porte au génie un concours efficace,
Vous n'êtes plus l'auteur qui vient demander grâce,
Mais l'heureux lauréat qu'on inonde de fleurs.
Soyez contente et fière ! Ô ! belle est la couronne,
Quand au nom du pays, la justice la donne.

Les journaux rendirent un très-bon compte de ma musique. Enfin j'avais réussi dans ma ville ! je reçus quantité de visites. Je m'occupai alors de monter un concert, je le fis par souscription, pensant avec raison que c'était la meilleure manière.

Je fis, en effet, une assez jolie recette. Voici une
petite anecdote qui arriva à mon concert. Comme
je l'ai déjà dit, l'on n'est jamais *prophète dans son
pays*, et bien des personnes étaient convaincues
que ma musique ne pouvait être bonne. — Sur le
programme, il y avait, dans la première partie,
l'air de *Marguerite d'Anjou* (de Meyerbeer), et
dans la deuxième, grand air *de Lully*. La personne qui devait chanter ces deux morceaux, au
lieu de dire, au numéro indiqué, l'air de Marguerite d'Anjou, dit l'air de Lully. A la fin, il est très-
applaudi, et un Monsieur, *musicien amateur*, qui
assistait à ma soirée, dit à l'un de ses voisins :
Quelle belle musique! il n'existe qu'un Meyerbeer. Lorsque notre compatriote en fera autant,
ah ! ah ! ah ! ah ! je le lui souhaite. L'un de mes
cousins, qui se trouvait derrière ce Monsieur, lui
dit: Ma cousine serait charmée, si elle vous entendait, Monsieur, car ce morceau que vous van-
tez tant est bien d'elle, et non de M. Meyerbeer.
Ah ! bien oui , reprit-il (riant toujours), elle est
vraiment bien capable de faire de la musique
comme celle-là. — Vous n'avez donc point été
entendre son opéra ? — Non, certes, reprit-il. —
Eh bien ! Monsieur, pour vous convaincre de ce

que je vous dis, j'aperçois une personne qui a assisté à la représentation de *Lully*, je vais l'appeler. Effectivement, cet auditeur confirma la chose,
au grand désappointement du musicien amateur qui resta fort sot, et qui, de plus, fut le lendemain la fable de toute la ville.

CHAPITRE XX.

Mon départ pour Morlaix, concert dans cette ville.

A Brest, on avait lu dans les journaux les éloges mérités adressés à Mlle de Roissy sur le talent remarquable avec lequel elle avait interprété le rôle de Lully, à l'Hôtel-de-Ville; aussi, déterminai-je la directrice à lui donner une somme de 2,000 fr. pour quelques représentations; mais cette fois, *un écrit* fut bien *passé* et elle arriva. Le plus grand enthousiasme l'accueillit; elle chanta admirablement différents opéras. — Je montai un second concert afin de le donner de moitié avec elle; déjà bien des billets avaient été pris, lorsque la directrice nous retira tous nos artistes, prétendant que ça lui faisait trop de tort pour son théâtre. On rendit donc l'argent, et je me déterminai à partir de suite pour Morlaix, ville à douze lieues de Brest, afin d'y préparer un concert. Mlle de Roissy, ayant terminé dans trois jours ses représentations, devait m'y rejoindre. — On fit mes malles en toute hâte, quant à moi je n'aurais pas eu la force de m'occuper de ces préparatifs de départ, tant je ressentais de chagrin de quitter mes amis. — Tout le long du dîner, je pleurai; je partis ainsi sans faire d'adieux à personne. Mon amie et moi nous nous tînmes longtemps embrassées, et à six heures je montai dans la voiture où je devais voyager une partie de la nuit. — L'idée à laquelle je ne pouvais me faire était de me retrouver encore *seule* à Paris, car les deux mois et demi que j'avais passés à Brest m'avaient rendu la gaîté naturelle que j'ai. J'étais entourée de soins si délicats par ma chère Fanny et ses bons parents. Son pauvre père était souffrant de la goutte et ne quittait pas sa chambre; si par hasard, le matin à neuf heures, je n'étais point encore descendue lui souhaiter le bonjour,

il faisait demander des nouvelles de la *Parisienne*,
c'est ainsi qu'il m'appelait; et je m'empressais de
me rendre près de lui et de l'égayer un peu.

J'arrivai à Morlaix à trois heures du matin; je
priai de me conduire au meilleur hôtel, ne connaissant pas le pays. On frappa et l'on réveilla
l'hôte, qui vint à ma rencontre en se frottant les
yeux. Je lui demandai une chambre et deux autres
pour le surlendemain. Il monta, je le suivis.
Rendu au premier étage, il ouvrit une porte et me
dit : voici une chambre qui est très commode et
où vous serez parfaitement. Je m'avançai et reculai
aussitôt en jetant un cri; il y avait un homme
coiffé d'un énorme bonnet de coton qui ronflait
dans le lit. Est-ce que vous êtes fou ? m'écriai-je,
il y a là quelqu'un. — Ah! pardon, c'est que je ne
suis pas bien éveillé et je me suis trompé d'étage.
Il me conduisit à la chambre au-dessus, dans laquelle il y avait deux lits que je m'empressai
d'*examiner*. Je congédiai mon hôte, fermai ma
porte à double tour et me mis à faire l'inspection
de cette horrible chambre, qui tombait de vétusté;
elle ressemblait fort à celles que j'avais vues dé-
crites dans certains romans, et j'avoue que je ne
me sentais guère rassurée. Je me déterminai à

me jeter toute habillée sur le lit; mais quel est
mon effroi! Lorsque je m'approche de l'alcove, le
plancher, tellement vermoulu, manque sous mes
pieds; un peu plus je serais tombée sur le *ronfleur*
au casque-à-mèche, qui justement se trouvait au-
dessous. Je me dirigeai alors en tremblant vers
l'autre lit et m'y reposai quelques heures. — En
me levant, je me fis faire un grand feu, car de la
nuit je n'avais pu me réchauffer. Je sortis ensuite
pour voir M. le maire, qui me reçut parfaitement
et m'invita à dîner; je refusai, ne voulant pas défaire mes malles (n'ayant tenu à part que ma toilette de concert). Il mit la salle de l'Hôtel-de-Ville
à ma disposition et me donna toutes les facilités
qui furent en son pouvoir. Je fis promptement faire
des affiches et des billets. Le lendemain, à 1 heure,
Mlle de Roissy et sa mère (qui l'accompagnait toujours) arrivèrent et me firent *compliment* du *joli*
hôtel que j'avais choisi, c'était assurément le plus
vilain de la ville. Le soir, à 8 heures, notre concert
eut lieu; il n'y avait pas beaucoup de monde, vu
que le carême était fort avancé, mais la société qui
y vint était magnifique de toilettes; on n'y remar-
quait que velours, satin et plumes. Tout cela ne
nous fit pas faire une forte recette, pourtant nous

gagnâmes quelque chose. Plusieurs personnes distinguées vinrent nous engager à souper, mais nous refusâmes et retournâmes à notre modeste hôtel.

Le lendemain nous partîmes et arrivâmes à Rennes, où l'on nous donna une heure pour dîner. Nous mangeâmes en toute hâte, afin de pouvoir prendre un peu connaissance de cette ville, qui est fort jolie. De même, nous avons visité Tours, puis avons pris le chemin de fer, et six heures après, j'étais encore dans la capitale.

CHAPITRE XXI.

Retour à Paris.

J'eus bien de la peine à me refaire à ma vie triste et solitaire. — A cette époque, le privilége du troisième théâtre lyrique fut donné à M. Adolphe Adam. Je fus le voir et le prier d'y admettre mes ouvrages, il me le promit. Il y avait déjà quelque temps que je l'avais vu ; comme je craignais qu'il ne pensât plus à la promesse qu'il m'avait faite, je pris le parti de lui écrire, afin de lui demander une audition. Dès le lendemain il me répondit.

Voici quelques fragments de sa lettre que j'ai conservée :

« Mademoiselle,

» J'ai de telles préoccupations en ce moment
» qu'il me serait bien difficile de penser à une au-
» dition. Si vous aviez un poème susceptible d'être
» reçu, je ne verrais nul obstacle en ce que vous
» en composassiez la musique. — Excusez-moi
» donc du peu d'empressement apparent que j'ai
» mis à accueillir votre demande. Lorsque le
» temps sera venu, je m'en référerai à ce que j'ai
» déjà eu l'honneur de vous dire : je veux que l'O-
» péra national soit *accessible* à *tous*, et votre titre
» de femme et de femme de talent, sera pour moi
» un titre plus que suffisant pour que vous puissiez
» espérer un accueil favorable.

» Accueillez l'expression de mes sentiments les
» plus distingués.

» Votre bien dévoué,   Adolphe ADAM. »

D'après une lettre comme celle-là, je n'aurais
pas dû m'attendre à ce que M. Adam eût mis une
aussi forte opposition à m'empêcher d'arriver au
théâtre, comme on le verra un peu plus tard ; je
ne veux point anticiper, j'y arriverai bientôt.

Comme toutes les parties d'orchestre de mon opéra (la *Jeunesse de Lully*) étaient copiées, j'eus l'idée de donner une soirée à la salle de l'École-Lyrique, afin de le faire entendre. Je le montai donc, mais quelles peines n'ai-je pas eues ! Lorsque l'on a obtenu quelques succès, de basses jalousies naissent et l'on voudrait plus que jamais vous empêcher d'arriver au théâtre, parce qu'une fois que l'on y est parvenu, votre succès là est *consolidé*. Le public vient chaque soir vous applaudir, votre nom se répand de ville en ville; on ne peut plus enfin (malgré le vif désir que l'on aurait) vous nuire. Au lieu que lorsque l'on n'en a eu que des *parcelles*, on y pense bien pendant huit jours mais on vous oublie bien vite. Il n'est peut-être pas d'exemple qu'une femme ait montré tant de persévérance et de courage que j'en ai eu, et ici je n'en tire nullement vanité, car je suis *poussée* comme malgré moi. J'ai entendu dire à plusieurs artistes (hommes), qu'à ma place ils se seraient sentis découragés. A cela je leur réponds : c'est que vous n'avez pas une *véritable* vocation et que je la sens fortement en moi. D'ailleurs, quel est l'auteur qui soit parvenu sans avoir éprouvé mille peines et toutes sortes d'injustices. M. Auber, dont les mélodies sont si ravissantes, a lutté pendant douze ans avant de se faire le nom glorieux qu'il a aujourd'hui. M. Meyerbeer, s'il n'avait pu donner cent mille francs pour faire jouer son *Robert-le-Diable*, le monde eût été privé de l'un des chefs-d'œuvre le plus remarquable. M. Adam n'a certes pas réussi de suite non plus. Félicien David, s'il ne s'était point fait entendre au Théâtre-Italien, serait resté dans le *désert*; enfin tant d'autres. Ces exemples m'ont donc soutenue, quoiqu'assurément je sois loin de comparer mon faible talent à celui de ces compositeurs. Mais cependant je sens aussi, et sans la moindre présomption, que je puis arriver, puisqu'à différentes reprises j'ai obtenu des succès et étant loin d'avoir les *éléments* que l'on trouve réunis au théâtre : d'excellents chanteurs qui *répètent* jusqu'à parfaite exécution ; un bon orchestre (car moi, lorsque j'obtenais deux répétitions d'orchestre, et d'un orchestre composé d'*amateurs*), c'était tout. Aussi l'exécution devait-elle laisser beaucoup à désirer. Ayant donc *obtenu* des *succès* avec tant d'inconvénients qui auraient pu me faire échouer, je crois pouvoir (sans vanité) en espérer de *solides*, avec les chances d'une bonne exécution.

CHAPITRE XXII.

Jalousie.

J'en reviens à ma soirée donnée à l'Ecole lyrique. J'avais pour interpréter mes rôles les élèves du Conservatoire, ne pouvant payer un orchestre; je laisse à penser la peine que j'ai eue, avant de réunir 40 *musiciens de bonne volonté*. Que de courses !... personne pour me seconder ! Je courais une partie de la journée (et cela à pied, pour ménager même mes six sous d'omnibus) ; l'autre partie, je la consacrais aux répétitions, et le soir, jusqu'à minuit, une heure, j'écrivais, afin de pouvoir placer mes billets. Pendant un mois, voilà la vie que je menais, chaque fois que je montais des représentations. — Mon chef d'orchestre (que je ne nommerai point) m'avait déjà joué un vilain *tour*. Ne voulant pas que je réussisse, il m'avertit l'avant-veille seulement où ma soirée devait avoir lieu, qu'il ne pourra plus me donner ses musiciens. De cette manière, il pensait qu'on ne pourrait reculer la soirée, et que je serais *forcée* de faire jouer mon opéra au piano *simplement*, et qu'alors on ne manquerait pas de dire : *qu'une femme n'est point capable* d'instrumenter. Mais il se trompait : je ne me laisse pas ainsi abattre, et je lui dis : « Si votre intention est véritablement de conduire l'orchestre et de me donner les musiciens que vous m'avez promis, je remets ma soirée à un mois. » Il me fit beaucoup d'objections sur cette remise; mais, me voyant fermement déterminée, il me dit que je pouvais compter sur lui.

Je passe alors la nuit à écrire aux personnes qui avaient pris des billets, et les préviens que la représentation est remise à un mois. — M. Carafa avait eu la bonté de m'accorder une douzaine de musiciens du Gymnase musical. Le jour était fixé pour le samedi, et les musiciens commandés, pour répéter, les mercredi et vendredi. Mon chef d'orchestre arrive avec ses musiciens, mais je suis très-surprise de ne point voir venir ceux du Gymnase (qui déjà plusieurs fois avaient joué dans mon orchestre). On attend jusqu'à huit heures, et le chef d'orchestre me dit alors : « Vous voyez bien, Mademoiselle, que l'on ne pourra pas répéter, et que vous serez *forcée* de faire accompagner au piano. — Non, Monsieur, lui répondis-je; nous allons répéter comme nous le pourrons, ce soir; et, vendredi, nous serons *au complet*. — Les musiciens du Gymnase ne viendront point, reprit-il, je l'ai su; ainsi comment ferez-vous? — Avec de l'argent, Monsieur, je me procurerai les instrumentistes qui me manquent. » — De l'*argent!*... C'est que je n'en avais point! Comment faire?... Je passe une nuit des plus agitées; je me lève, sans avoir encore rien arrêté dans ma pauvre tête. Je me rends ainsi au Conservatoire, où mes artistes m'avaient donné rendez-vous pour une répétition au piano. Eh bien ! avez-vous trouvé vos musiciens, me demandèrent-ils? Oui, oui, leur répondis-je. Je n'étais guère à ma répétition, quand tout à coup Dieu me vint en aide; je les expédie le plus vite possible, en leur disant : A demain la répétition générale; soyez

exacts, je vous prie. Alors, réunissant tout mon
courage, je me rends à la caserne du faubourg
Poissonnière, et là, je demande à parler au chef
de musique. Par bonheur, il s'y trouvait. L'on
m'introduit près de lui, j'étais toute émue; je lui
dis : « Monsieur, je n'ai point l'honneur d'être connue de vous, et pourtant je viens vous demander
un bien grand service. » Je déploie une affiche, et,
là lui mettant sous les yeux, je le prie de la lire;
il fut d'abord un peu étonné; mais à mesure qu'il
la lisait, il souriait et commençait à comprendre
ce que je désirais. « Ah ! Mademoiselle, me dit-il,
il vous faut des musiciens ? — Oui, Monsieur, vous
avez deviné. — Et combien ? — Je n'ose vous le
dire !... Voici la liste des instruments qui me sont
indispensables. — Je suis heureux, reprit-il très-
gracieusement, de pouvoir être utile à une artiste, et vous pouvez être certaine que demain,
heure militaire, nous serons à l'Ecole lyrique; je
regrette seulement que vous ne soyez pas venue
me trouver plus tôt, afin d'avoir plusieurs répétitions; mais nous ferons de notre mieux. » Je ne
savais comment lui témoigner ma vive reconnaissance. Il vint me reconduire, et nous traversâmes
la cour, où il y avait bien deux cents soldats que

je n'avais même pas remarqués, lorsque j'y étais
passée un moment auparavant. Si je n'avais pas
été surexcitée, comme je l'étais, moi, si timide, je
n'aurais jamais eu le courage de faire une chose
semblable. — Le lendemain soir, mon orchestre
est complet. Mon chef d'orchestre en est fort surpris, et de *fort mauvaise humeur*. Mais il n'y
avait plus moyen de reculer. — C'était bien peu
qu'une seule répétition. Aussi l'exécution s'en
est-elle ressentie. Malgré cela, j'ai encore réussi
cette fois, et le public m'a rappelée. — Deux
jours après, je reçus une lettre d'une personne
qui m'était inconnue, et qui me priait d'agréer
les vers que je transcris ici :

Je connais donc enfin l'œuvre de ton génie !
Lully, ce noble enfant, cygne de l'Ausonie,
Qui, sous le bonnet blanc d'un chétif marmiton,
Cachait le feu sacré qu'il reçut d'Apollon.
Pour t'applaudir, et bravant la neige et la glace,
Et par un vent de bise à vous geler sur place,
A ton nouveau succès, heureux de prendre part.
Je me rendis en hâte au quartier Rochechouart.
De tes admirateurs, une épaisse cohorte,
Empressés comme moi, barrait déjà la porte,
Et là chacun voulait, avec la même ardeur,
En plaignant tes ennuis, juger de ton bonheur,

Et te dédommager en te rendant justice !
Gloire à toi, qui sus vaincre un coupable artifice,
Malgré les vains efforts de tes rivaux jaloux,
Tu viens d'en triompher à la face de tous.
Honneur, cent fois honneur à ces femmes d'élite *,
Donnant par leur appui l'essor à ton mérite,
Et qui viennent de joindre, à mille autres vertus,
Celle de patronner un chef-d'œuvre de plus,
Adorateur des arts, j'admirai ta musique,
Gracieuse toujours et souvent magnifique,
Ces arpéges brillants, ces aigrettes de sons,
Ces accords merveilleux, variés et féconds,
Les modulations de la harpe divine
Se mêlant au doux chant d'une voix enfantine ;
Ces morceaux pleins de goût, si riches d'avenir,
Et, qu'en les écoutant, on voudrait retenir.
L'air seul : *Mariez-nous*, ferait ta renommée !.....
Tant il est revissant !... Mon âme était charmée,
Et mon cœur tout ému se sentait tressaillir.
Après un tel début ne crains plus de faillir,
Car il en est plus d'un que la gloire environne,
Et dont tu ne dois pas envier la couronne.
L'intrigue ou la fortune a fait bien des succès !
Qu'un travail assidu soutienne tes progrès !
Si tu te vois en butte aux traits de la satire,
Reçois-les sans trembler, fais résonner ta lyre.

* Quelques dames de la Société avaient patronné cette soirée.

Ces traits par les méchants, le plus souvent lancés
Contre le vrai talent, sont bientôt émoussés.
Mais ne t'offense point d'une critique sage,
Un salutaire avis est loin d'être un outrage :
Profite des conseils, accueille avec respect
La leçon du censeur équitable et discret.
Vit-on jamais, saisi d'une crainte frivole,
L'Enfant chéri des arts monter au Capitole ?
S'il manque de courage, où donc est sa vertu ?
Quelle gloire attend-il s'il n'a pas combattu ?
Marche avec confiance, en dépit de l'envie.
Une chute souvent du succès est suivie !
Si tu heurtes tes pieds aux cailloux du chemin,
Tu peux sur un plus doux passer le lendemain.
C'est par un filet d'eau qu'un grand fleuve commence,
Et l'on arrive à tout par la persévérance.
La gloire a ses douleurs ; combien dans des greniers,
Des larmes du génie ont trempé leurs lauriers !
Et ne savons-nous pas que de Gluck ici-même,
La cabale a flétri le mérite suprême !
Enfin pour toi le ciel est devenu serein.
Tes juges ont rendu leur arrêt souverain ;
Et comme un enchanteur dans ses métamorphoses,
Ils ont caché tes pleurs sous des bouquets de roses.

JAMES POPULUS,
Jurisconsulte, Président et Membre de plusieurs
Académies et Sociétés savantes.

6

CHAPITRE XXIII.

Révolution du 24 février.

J'avais l'espoir, venant d'obtenir un succès à l'École-Lyrique, de voir cet opéra admis au troisième théâtre lyrique. Le régisseur m'avait donné à cet effet mon tour pour le 1er mars, lorsque la Révolution de février éclata, et vint ainsi porter obstacle à ma réussite. — Depuis cette époque j'ai eu encore bien plus à lutter contre le mauvais vouloir des directeurs, et bien plus de peine à faire entendre mes compositions. On ne permet

plus aux artistes des théâtres lyriques d'accorder
leur concours ; et le *plus petit artiste* aujourd'hui
ne veut plus chanter une note sans élever ses pré-
tentions bien plus haut que n'est véritablement
son talent. Donc, un pauvre compositeur qui,
comme moi, ne peut donner la rétribution que
l'on exige de lui, est réduit au désespoir !... Un
directeur ne veut seulement point entendre parler de vous. Un éditeur est tout disposé à vous
acheter vos œuvres, *mais !*... à la troisième représentation de l'un de vos ouvrages sur l'une de nos
scènes lyriques. Il faut donc se résoudre à mourir
de faim !... Gilbert est mort dans un hôpital ! Le
Tasse est devenu fou de désespoir !... Elisa Mer-
cœur, cette jeune fille qui faisait de si jolis vers,
est morte de douleur et de misère !... J'en aurais
bien d'autres à citer. Au lieu que si chacun voulait
s'entr'aider, que celui, enfin, qui pourrait vous
tendre une main secourable le fît, que de douleurs
de moins il y aurait à déplorer, et que de talents
enfouis à jamais auraient pu voir la lumière !...
Toutes ces réflexions morales ne changeront malheureusement point le monde, qui, je le crois, de-
vient de plus en plus égoïste.

Je restai une année, après la Révolution, sans

travailler, car on ne s'occupait guère d'art, alors.
Quand on a été un peu plus calme, j'ai senti en
moi le besoin de composer; mais comment avoir
un bon poème?... Je me mettais au piano, il me
venait une foule d'idées, et je ne pouvais, par le
manque de poésies, les mettre au jour. Je fermais
mon piano avec désespoir!... Je pleurais et for-
mais la résolution de ne plus l'ouvrir !... Il n'était
pas en mon pouvoir de tenir cette résolution, et
le lendemain mon piano était encore ouvert!... Je
voulus essayer si le nouveau directeur de l'Opéra-
Comique (M. Perrin) me serait plus favorable.
Grand Dieu!... encore bien moins que les autres.
— Mme Ugalde eut la bonté d'aller lui demander
pour moi une audition : « Je la refuse, lui répond-
il. — Et pourquoi cela ? — Parce que j'ai mes compositeurs. » Elle insista très-fort pour moi. M. Perrin s'emporta, et lui dit *très-sérieusement* que j'é-
tais *folle*. Elle l'assura que je ne l'étais pas plus
qu'elle. Alors il eut l'extrême *gracieuseté* de l'envoyer promener avec moi. — Non, M. Perrin, je
ne suis point folle, bien s'en faut, et de plus je
dirai : Qu'il faut même que j'aie une tête bien
solidement organisée pour ne pas l'être devenue par
toutes les cruelles déceptions que j'ai éprouvées.

Et si vous aviez voulu vous en convaincre et faire
en ma faveur une exception, un effort généreux,
quand vous ne m'eussiez donné qu'une toute petite place, là, du moins, vous auriez vu que ma
musique n'était point *folle*, en supposant que son
auteur le fût.

6.

CHAPITRE XXIV.

Une soirée à la salle Paganini.

Le troisième théâtre lyrique rouvrit de nouveau sous la direction de M. Séveste. A cette époque j'avais monté une soirée à la salle Paganini, afin de faire entendre un nouvel ouvrage. Je le priai de vouloir bien y assister, il me le promit, et en effet il y vint. J'avais distribué un assez grand nombre de billets, et, malgré cela, je craignais de ne. pas avoir assez de monde, vu la pluie torrentielle qui n'avait cessé de tomber toute la journée. Mais je

me trompais, car dès sept heures et demie cette
immense salle Paganini fut pleine, et il y avait encore près de trois mille personnes qui se pres-
saient aux portes et qui ne pouvaient entrer. La
queue des voitures prenait depuis la Chaussée-
d'Antin jusqu'au boulevard Montmartre : jamais
une affluence pareille ne s'était vue, on fut forcé
de faire venir quinze hommes de plus que les gar-
des commandés. Plusieurs artistes furent arrêtés
à la porte par la foule, qui les empêchait d'entrer. La première chanteuse fut blessée, un ténor
presque étouffé, un autre passa par une fenêtre.
Enfin, tous furent plus ou moins endommagés, il
y en eut même qui se trouvèrent enfermés dans
un cabinet sans pouvoir en sortir. Pendant que
je les attendais, ne pouvant comprendre ce qui
arrivait, des musiciens (si l'on peut leur donner ce
titre), sortant de je ne sais où, prirent place aux
pupîtres qui étaient préparés, et voulurent jouer
l'ouverture. A cet infernal tintamarre je m'avançai pour voir ce que c'était, et dus le faire cesser.

Le public murmurait, mais on comprend qu'il
m'était impossible de donner mon œuvre, même
une fois que mes artistes eurent pénétré, puisqu'ils
se trouvaient la plupart hors d'état de chanter.

Quant à moi, j'étais désespérée! mais j'eus le courage, l'hiver suivant, de donner une soirée afin de faire entendre ce même opéra qui n'avait pu être exécuté; cette fois il réussit très-bien. — Je priai M. Séveste d'entendre un de mes ouvrages; il fut très-bienveillant pour moi et voulut bien admettre mon opéra (la *Jeunesse de Lully*); il reconnut que cet opéra si gai conviendrait à son théâtre, lorsque la fatalité, qui m'a poursuivie jusqu'à présent, m'enleva encore cette planche de salut. M. Séveste mourut d'une attaque d'apoplexie; son frère, M. Jules Séveste, lui succéda et prit la direction du Théâtre-Lyrique (Encore une nouvelle démarche!). je fus lui demander une audition; il me dit: « Est-ce que les femmes savent composer? — Mais il me semble que oui, lui répondis-je, lorsqu'il s'en trouve qui ont de l'imagination et qui ont fait de sérieuses études. — Eh bien! reprit-il, si vous connaissez M. Adolphe Adam, voyez-le, et demandez-lui s'il veut venir entendre votre musique; alors je vous donnerai mon jour pour une audition. Je fus donc (avec toute confiance) voir M. Adam, d'après *les promesses* qu'il m'avait faites précédemment et la lettre *encourageante* qu'il m'avait écrite. Il me promit d'assister à cette audition, et me pria de le prévenir deux ou trois jours d'avance de celui que M. Séveste aurait désigné. C'était ma partition du *Jeune Militaire* que je devais faire exécuter; j'avais quelques artistes de l'Opéra pour interprètes. La veille, ils étaient tous réunis chez moi afin de répéter, lorsqu'on me remit la lettre suivante :

« Paris, le 9 juillet 1852.

» Mademoiselle,

» J'ai le regret de vous annoncer que l'audition » de votre opéra ne pourra avoir lieu demain. Je » suis dans la nécessité de me trouver à Saint- » Cloud, où le séjour du président de la Républi- » que rend ma présence indispensable au théâtre. » Je m'empresse de vous prévenir de cette cir- » constance pour que vous puissiez éviter un dé- » rangement aux personnes qui devaient concou- » rir à cette soirée. — J'ai vu M. Adam et lui ai » fait part du *retard forcé* que devait subir votre » audition. Agréez de nouveau, Mademoiselle, » mes regrets, etc.

» JULES SÉVESTE. »

CHAPITRE XXV.

M. Adolphe Adam.

Mes artistes furent presque aussi contrariés que
moi ; eux, qui avaient eu l'extrême obligeance de
se déranger plusieurs fois, et, au moment de chanter, recevoir ainsi contre-ordre, c'était vraiment
un contre-temps très-fâcheux. Néanmoins, ils eurent la bonté de se mettre de nouveau à ma disposition pour le jour que l'on m'indiquerait. Hé-

las! ce *jour* est encore à venir!... C'était une chose
convenue entre MM. Adam et Séveste, comme la
suite l'a prouvé. — Je laissai passer une quinzaine
avant de retourner chez le directeur, qui me pria
d'attendre jusqu'à la réouverture, et qu'alors il
s'occuperait de moi (Autre défaite.). Son théâtre
rouvre ; je vais le sommer de tenir sa promesse ;
il me dit qu'il n'avait point encore le temps. » Je
vois bien, Monsieur, lui dis-je, que votre intention
n'est point de m'admettre à votre théâtre, malgré
la *parole* que vous m'aviez donnée. — Mais si, reprit-il ; il faudrait, voyez-vous, que M. Adam puisse
être *libre*, et il ne l'est *pas*. Demandez-le lui, et
moi je serai prêt dès qu'il le sera. » Je vis bien
que *tout* venait de M. Adam, que son intention
n'avait jamais été de me faciliter les moyens d'arriver au théâtre. — Je connaissais M. Dalmont, son
ami de collège ; il me promit d'aller lui parler en
ma faveur. M. Adam lui dit qu'il ne *voulait* point
qu'une *femme réussît*, et que, par conséquent, je
n'obtiendrais pas d'audition. Son ami insista, et
lui s'obstina toujours à dire qu'une femme ne devait point *arriver* au théâtre.

A cela, je dirai que M. Adam a montré envers
moi une conduite bien peu généreuse, et qu'il

était d'autant plus coupable que, précédemment,
il m'avait donné des encouragements. Car lorsqu'un homme de son mérite vous dit : « Made-
» moiselle, votre titre de femme, et *de femme de*
» *talent*, est un titre plus que suffisant pour que
» vous puissiez espérer un accueil favorable; tra-
» vaillez donc, si vous avez un bon poème. » —
Et pourquoi ne voudrait-on pas qu'une femme
parvienne au théâtre. Est-ce qu'on penserait
qu'elle doit plutôt s'occuper au travail de l'*aiguille*. Qu'on me permette de faire ici une sup-
position : « Une femme a un talent dramatique :
» elle écrit ou elle compose pour le théâtre ; son
» mari a les mêmes idées que M. Adam là-des-
» sus ; il ne veut pas que sa femme s'occupe de
» théâtre. Il est sans fortune, il est vrai, mais il
» est chef de bureau, ses appointements suffisent
» à élever sa petite famille ; et puis plus tard il
» aura de l'avancement. Mais un cruel accident
» vient le frapper, il perd la vue ! que va-t-il de-
» venir ! lui, sa malheureuse femme et ses pau-
» vres petits enfants ?... les voilà réduits à la der-
» nière des misères, ils n'ont plus rien !... Mais
» la femme a son art chéri qui lui reste, et s'é-
» crie : C'est donc mo maintenant, mon ami,

» qui te soutiendrai, moi qui gagnerai du pain
» pour ces chers enfants, et je le sens plus que
» jamais, que je puis arriver, et que je saurai
» braver par mon courage le mauvais vouloir et
» la jalousie des personnes qui, toujours, veulent
» empêcher un auteur de parvenir !... C'est alors
» que le mari aveugle voit *clair*, qu'il sent que
» sa *femme auteur* est une vraie providence, et
» que ce n'est point avec son *aiguille* qu'elle au-
» rait pu désormais soutenir sa famille. »

Je ne serais point d'ailleurs la première femme
qui ait réussi au théâtre. L'opéra de Mme Gail
(*les Deux Jaloux*) est resté très-longtemps au ré-
pertoire, ainsi que celui de Mlle Louisa Puget (*le
Mauvais OEil*). Mlle Louise Bertin a eu le malheur d'avoir un mauvais poème (*son Esméralda*),
un grand opéra, mais on a conservé un acte qui a
été joué souvent. Maintenant George Sand, qui a
obtenu de si beaux succès (entre autres *François
le Champi*), Mme Emile de Girardin, Mme An-
celot, etc. Pourquoi donc est-on si acharné à me
barrer les portes du théâtre, moi, pauvre femme,
qui ai fait tous les sacrifices possibles pour arriver, et les études les plus consciencieuses ; pourquoi m'empêche-t-on d'en cueillir le fruit ? Cepen-

7

dant le privilége du directeur du Théâtre-Lyrique lui a été accordé dans le but de *faire connaître* les nouveaux compositeurs, et l'on n'a nullement spécifié que les femmes seraient *seules* privées du droit d'admission.

CHAPITRE XXVI.

Souvenirs de reconnaissance.

J'aurais encore bien des choses à te raconter, chère Fanny, plus tard je reprendrai ma narration. Je ne veux pourtant pas m'arrêter sans adresser un souvenir de reconnaissance aux artistes qui se sont montrés si bienveillants pour moi. Mme Damoreau-Cinti m'a secondée souvent dans mes entreprises de représentation, en me donnant ses meilleures élèves, en leur apprenant elle-même leurs rôles, et en me donnant des apostilles très-flatteuses. Mlle Nau, également, a toujours été excellente pour moi. Une fois, entre autres, elle eut l'obligeante bonté de me monter un concert, et même de s'occuper du placement des billets ; on voyait combien elle était heureuse à chaque pièce d'or qu'elle me remettait. Elle s'était donné bien du mal pour cela, car elle m'en avait placé pour 400 fr. — Mme Flammand-Langeval, cette cantatrice dont la méthode est si excellente, et qui a mis de même tant d'empressement à m'être utile. — Mme Collongues, cette pianiste distinguée, et qui accompagne avec tant de talent la partition. — Son frère, M. Alexis Collongues, l'un de nos premiers violonistes, qui m'a rendu tant de services. Je ne puis oublier non plus l'extrême bonté qu'a eue pour moi M. Henri Herz. Je les prie de recevoir l'hommage de ma vive et profonde reconnaissance, ainsi que tous ceux qui m'ont montré du dévouement et dont les noms seraient trop longs à citer dans cette biographie. — J'adresse aussi un profond souvenir de gratitude à M. le baron Taylor, qui a eu tant de bontés pour moi, et qui veut bien me les continuer, ainsi qu'à M. Edouard Monnais.

FIN DE LA PREMIÈRE PARTIE.

DEUXIÈME PARTIE

CHAPITRE PREMIER

Six ans après.

Je vais maintenant, achever mes mémoires artistiques, ma chère Fanny ; le moment est venu
de les faire paraître, comme je l'expliquerai plus
tard.

Six ans ! depuis que j'ai écrit la première partie,
Dieu ! que de jours cela fait !.. et quels jours de
douleur n'ai-je pas éprouvés !... Comme j'aurai
beaucoup trop de choses à te raconter, je serai
brève autant que possible, et ne te parlerai que des
faits principaux qui ont accompagné et suivi mes
tribulations. Dans ces six ans, j'ai eu le plaisir de

te voir deux fois à Paris ; et là, j'ai pu t'entretenir
de ma *vie privée.* N'ayant pas l'intention de la livrer à la publicité, quand je serai forcée d'en dire
quelques mots, c'est qu'elle aura rapport à ma
vie artistique.

Travailler ! toujours sans but certain, c'est une
chose cruelle, et qui certes doit nuire à vos inspirations, surtout en commençant un ouvrage
important. On s'y met avec une certaine mollesse,
se demandant : verra-t-il le jour. Puis, la fougue
de votre imagination l'emporte bien vite, et l'espérance, cette douce consolation du malheureux,
se glisse peu à peu dans votre cœur, et vous fait
triompher de l'apathie avec laquelle vous vous
êtes mis d'abord au travail.

Dans ces six ans, j'aurais pu faire beaucoup plus
de travaux que je n'en ai fait, si la fortune n'avait
pas continué à m'être rebelle. Je n'ai donc composé que trois opéras : un en italien, en trois actes,
et deux en un acte. Ensuite, plusieurs Romances et
Cantates. —'L'une de ces cantates va être le sujet
de mon second chapitre ; c'est toute une histoire,
qui aujourd'hui même dure encore, malgré les
cinq années qui se sont écoulées depuis que cette
œuvre est composée.

CHAPITRE II.

La Triple Alliance.

On m'invita, un soir, à aller prendre le thé; il s'y trouvait plusieurs personnes, entre autres une femme de lettres, Mme Juliette Lormeau (ici, si je la nomme c'est que les faits dont j'ai à parler, ont été publics); cette dame me dit qu'elle venait de faire une cantate, intitulée la Triple Alliance, et qu'elle cherchait un compositeur pour en faire la musique. Elle me demanda (naïvement), si je serais capable de composer un chant guerrier. Je lui répondis ! il me semble, puisque je compose des opéras, dans lesquels, naturellement, on a à traiter tous les genres, celui-là ne doit pas m'être étranger; alors, je me levai, et me mis au piano, où j'improvisai une marche guerrière. « Oh! s'écria-t-elle avec enthousiasme : c'est bien là l'air qui convient à mes paroles. » Comme elle demeurait dans cette maison où je me trouvai, elle descendit chercher ses vers, et me les remettant, elle me pria de les adapter à la musique que je venais de lui faire entendre. « Oh! lui dis-je, maintenant que j'ai pris connaissance de votre cantate, je pourrai vous faire un air analogue aux paroles. — Mais, reprit-elle, il faudrait que cette musique fût promptement faite. — Après demain, Madame, elle sera prête; si vous voulez bien venir chez moi sur les quatre heures, je vous la ferai entendre. »

Après avoir lu attentivement cette cantate, je vis qu'il y avait quelque chose de plus grandiose à faire que ce que je m'étais proposé dans le principe. Je m'empressai le lendemain de la composer, et au lieu d'y faire un simple accompagnement de piano, je l'orchestrai aussitôt, pensant qu'elle pourrait être exécutée sur quelques théâtres.

Mme Lormeau fut exacte au rendez-vous que je lui avais donné. Comme cette dame a un caractère exalté, son enthousiasme n'eut point de bornes, et dès le lendemain, elle se mit en campagne pour tâcher de la faire exécuter sur quelques scènes. Mais nous arrivâmes un peu tard ; lorsqu'il y a quelque à propos, le Parisien s'en saisit avidement, et tant pis pour le retardataire.

— Cependant elle continuait ses démarches, et elle se rendit chez moi en toute hâte, me disant que le soir à huit heures il fallait nous rendre chez M. Arnault (directeur de l'Hippodrome), afin de lui faire entendre ma musique. Nous ne manquâmes pas de nous y trouver, et là, M. Arnault s'enthousiasma aussi beaucoup, disant que cette cantate, adaptée au drame de *Silistrie*, produirait un fort bel effet. Mais ce n'était pas chose facile d'obtenir la permission de faire exécuter cette œuvre à l'Hippodrome, où habituellement, le *chant* n'était point admis. Il n'en donna pas moins rendez-vous pour le lendemain matin, à Madame Lormeau, afin d'aller ensemble faire les démarches nécessaires près de M. le Préfet de police et de M. le Ministre d'Etat. Toutes échouèrent : Madame Lormeau revint désespérée me faire part de cette

7.

mauvaise nouvelle ; quand tout-à-coup elle pensa
à M. le maréchal Magnan, et me demanda si je
croyais que l'on pourrait obtenir près de lui, ce
qu'on venait de refuser. Je l'engageai beaucoup à
faire cette démarche, et au bout de quelques heures
elle arriva triomphante avec une lettre des plus
pressantes de M. le maréchal, adressée à S. E. le
ministre. Nous attendîmes peu la réponse, qui fut
favorable. M. Arnault se transporta immédiatement
chez M. le maréchal Magnan, le priant d'achever
son ouvrage, en accordant les chœurs de sept
régiments, ainsi que deux musiques militaires pour
l'exécution de cette œuvre, ce qu'il eut la bonté
de ne point refuser. M. le directeur me dit que le
lendemain matin, son chef d'orchestre se rendrait
chez moi afin de prendre ma partition, pour que les
copies fussent promptement faites. En effet, on
pressa le plus possible, et bientôt tout fut prêt
pour les répétitions. La Triple Alliance est annoncée sur l'affiche pour être jouée prochainement ;
précisément le jour où la première répétition devait avoir lieu, une personne vint me prévenir que
le nom de Madame Lormeau était sur l'affiche,
mais que le mien ne s'y trouvait pas ; j'en fus atté-
rée, et me proposai d'en témoigner mon méconten-

tement à M. Arnault. Je me rends à la répétition ;
je vais au devant de lui, et lui demande pourquoi
l'on avait omis de mettre mon nom comme auteur
de la musique. C'est bon, c'est bon, reprit-il, en
s'éloignant ; vite répétons. Cette réponse dut beaucoup me choquer, mais avant d'en obtenir une
plus convenable de lui, je ne voulus point inter-
rompre la répétition. M. le directeur était enchanté
et animait lui-même, avec sa canne, les soldats ;
leur promettant à chacun *un franc* de gratification,
toutes les fois que la Triple Alliance serait exécutée. La répétition terminée, il se préparait à
s'en aller lorsque je fis courir un soldat après lui,
lui faisant dire que je voulais absolument lui parler.
Il fut donc forcé de venir, et je lui dis, que si le
lendemain mon *nom* n'était point sur l'affiche, je
retirerais immédiatement mon œuvre. Comme il
y tenait beaucoup, il le fit mettre. Du reste, c'était
un acte arbitraire, et que je ne devais point supporter. (J'ai su de quelle part venait cette méchan-
ceté.)

CHAPITRE III.

Premières exécutions à l'Hippodrome. — Affiches retirées par *ordre*.

J'ai oublié de dire que M. Arnault nous avait promis qu'il nous donnerait une certaine somme, qu'il passerait *un écrit plus tard* (on voit bien qu'il avait affaire à des femmes). Pour mon droit d'auteur, je n'eus que six billets, pour la première représentation. Cette œuvre annoncée, attira une grande affluence de monde ; on refusa même beaucoup de personnes. — Que je trouvai le drame de Silistrie, long. Enfin, toute la pompe militaire se déploie; les soldats qui chantaient les chœurs, sont sur deux rangées au fond du théâtre, et viennent jusqu'où se préparait la bénédiction des drapeaux. Il y avait deux musiques militaires, l'une à pied, et l'autre à cheval ; l'on entendait de loin en loin les coups de canon : c'était un très beau spectacle. Le signal est donné, les fanfares se font entendre. Oh! comme mon cœur battait! La pre. mière strophe est chantée (c'était pour une voix de baryton), et les chœurs après, entonnent leur partie. C'est fort applaudi, les bravos partaient de tous côtés. *La cantate avait réussi!* j'étais très-heureuse, et ce qui me faisait encore beaucoup de plaisir, c'est que les auditeurs, en s'en allant, répétaient le refrain du chœur ; ce qui ne leur arrive que quand la musique les a pleinement satisfaits. — On me reconduisit en voiture découverte, et je passai au milieu des soldats, qui tous s'empressaient de me saluer. Ma foi, j'avoue franchement que, ce jour là, j'étais un peu *fière* de cet incontestable succès.

Le dimanche suivant, la seconde représentation eut lieu, et ce qui surprendra sans doute, je n'obtins pas un seul billet. Lorsque je me présentai, M. le directeur me donna la main, et vint lui-même me placer. La salle était comble, et l'on a refusé, m'a-t-on dit, plus de trois mille personnes ; cette fois là, mon succès fut plus grand encore, car la cantate eut l'honneur du *bis*. — Je pouvais donc espérer, non seulement vendre mon œuvre ; mais bien encore, que mon nom obtiendrait quelque retentissement. L'auteur des paroles, dont le caractère véhément ne m'était point alors assez connu, me fit perdre la bonne veine qui semblait s'ouvrir pour mon avenir. — Voyant le succès que cette deuxième audition obtint, ne voilà-t-il pas qu'elle s'ingéra d'aller faire une scène à ces braves soldats, qui faisaient de leur mieux, et au moment où ils sortaient, elle les apostropha d'une manière très peu gracieuse, en leur disant devant tout le monde : « Vous avez très-mal chanté aujourd'hui, vous ne mettez pas assez d'entrain et de vigueur. Je chanterais mieux que vous. — Eh bien ! Madame, reprit le chef de musique (fort choqué d'une pareille sortie), chantez désormais, comme vous le voudrez. »

Je ne me trouvais point là, malheureusement, au moment où cette inconvenante conduite eut lieu, et lorsque je l'appris, j'en fus désespérée, pensant avec justesse, que c'était une affaire perdue, et que notre œuvre ne serait plus exécutée.

En effet, la Triple Alliance est affichée pour la troisième fois, lorsqu'un ordre de M. le maréchal Magnan arriva à M. Arnault, afin qu'il fît enlever immédiatement les affiches : ses soldats ayant été molestés par l'un des auteurs, refusaient de prêter désormais leur concours ! — Malgré que j'étais en droit d'adresser de vifs reproches à Mme Lormeau, n'aimant point à discuter, je ne lui en fis que de très légers, m'apercevant surtout que cette dame ne supportait aucune espèce d'observations.

CHAPITRE IV.

Passy. — Un procès.

Quelque temps après cette déception, je fus à Passy faire une visite. La troupe étant en promenade militaire, me força de m'arrêter pour la laisser défiler ; lorsque tout-à-coup, le signal est donné, et la musique se fait entendre. Mais quel n'est pas mon étonnement, je crois rêver ! la marche de la Triple Alliance !... est-ce possible ! qui a pu livrer ainsi ma musique, car c'était ma propriété, et l'on ne pouvait l'avoir obtenue que

de l'Hippodrome. — Le lendemain je m'empresse
de prier une personne de se rendre chez le chef de
musique du 32e; celui-ci lui dit qu'ayant trouvé
cette musique remarquable, il l'avait demandée au
chef d'orchestre de l'Hippodrome, qui la lui avait
livrée sans difficulté. Alors il donna un certificat
de ce fait par trop inconvenant, et ajouta que le 9^e
l'avait exécutée aussi devant S. M. l'Empereur à l'inspection générale, et qu'il ne refuserait pas non plus
d'en donner aussi la preuve, ce qu'il fit par une at-
testation écrite. Voilà donc ma musique jouée dans
divers endroits, et sans que l'on daignât en nommer l'auteur. C'était vraiment désolant. On m'engagea à faire un procès, je reculai d'abord; mais
apprenant un peu plus tard, que presque tous les
régiments s'en étaient emparés, je me décidai à
aller consulter M. Jules Favre, avec lequel j'avais
eu le plaisir de me trouver quelquefois en société,
et qui m'accueillit avec sa bonté habituelle. Il
examina l'affaire, et me dit que j'étais dans mon
droit d'aller trouver un avoué, et que si j'avais
besoin d'un avocat, il m'en procurerait un. — Je
crus devoir par déférence, en faire part à Mme
Lormeau, et je me rendis chez elle, afin de lui demander si elle voulait faire de moitié avec moi,

les frais du procès que j'allais intenter pour la conservation de mes droits. « Non, certes, s'écriat-elle, je n'ai point envie de perdre mon argent, et vous êtes le *pot de terre contre le pot de fer*; par conséquent, vous perdrez. » Voyant sa résolution très ferme là dessus, je lui dis qu'à mes risques et périls, je le ferais à moi tout seule ; que d'ailleurs, ce n'était que ma musique qui avait été livrée, et non ses paroles.

J'attaquai donc le directeur de l'Hippodrome, comme étant responsable de son chef d'orchestre. L'affaire étant prête à passer, j'allai prier M. Jules Favre de vouloir bien m'indiquer un avocat; je laisse à juger la joie que je ressentis, lorsque cet orateur célèbre me dit : « C'est moi qui plaiderai. » Quelle bienveillante bonté! il n'ignorait pas la position précaire dans laquelle je me trouvais ; aussi, lui en dois-je une double reconnaissance, et en l'écrivant, j'en suis tout émue !...

Le jour du procès arriva : je me rendis au palais de justice, et là, après un plaidoyer si rempli d'éloquence, comme le sont toujours ceux du grand avocat, la Cour prononça la condamnation de M. Arnault, pour une somme de 300 francs de dommages et intérêts.

Mme Lormeau arriva chez moi, sachant que je venais de gagner mon procès, et me demanda, avec un *singulier air*, si j'allais être payée de suite. Je répondis qu'il fallait attendre quelque temps, M. Arnault pouvant en appeler. Alors son visage redevint *naturel*, elle me parla comme à l'ordinaire. — Je me dis, lorsqu'elle fut partie, est-ce que par hasard elle regrette de ne s'être pas associée avec moi. La suite va le prouver.

M. Arnault s'entêta et voulut en appeler. L'affaire dura huit mois. A cette époque, M. Jules Favre s'étant rendu à Oran pour le fameux procès criminel dont il a tant été parlé, je dus forcément prendre un autre avocat. Enfin, le jugement fut confirmé. — Même visite après, de Mme Lormeau, et toujours cet *air singulier*. Elle me demanda si cette fois-ci on pourrait encore en appeler. Je lui dis que la somme était trop minime pour aller à la Cour de cassation. Son visage continua à rester *composé*.

CHAPITRE V.

Une énergumène. — Une révérence à M. le juge
de paix.

Deux jours après cette visite, j'entendis sonner
violemment chez moi; il était trois heures, et
je fus surprise de voir Mme Lormeau à cette
heure, car elle ne venait d'habitude que le soir.
Après quelques mots échangés entre nous, elle
me dit tout à coup, laissant éclater la rage qu'elle
avait dans le cœur : « Mademoiselle, êtes-vous
honnête. — En vérité, Madame, voilà un étrange
préambule ! Je devrais m'en trouver blessée.
— Eh bien, si vous êtes honnête, reprit-elle, vous

allez me signer ce papier. » Alors, déroulant une *pancarte*, elle m'en fit la lecture. Vraiment, c'était ridicule, après trois années passées depuis l'exécution de cette cantate, de vouloir me faire signer cet écrit jésuitique : « Je m'engage à par- » tager avec Mme Lormeau tout ce que *j'aurai* ou » *pourrai avoir*, soit en *cadeaux* ou en *argent*. » « Oh ! Madame, je vois où vous en voulez venir maintenant, au gain du procès. — Oui, dit-elle, signez ! il m'en faut la moitié. — Non, certes, je ne signerai point une chose semblable, c'est tout à fait injuste, ce que vous me réclamez là, et je vous avoue même que je trouve votre demande fort peu délicate. » Sa fureur n'eut plus de bornes, et élevant la voix plus qu'une personne comme il faut ne devait le faire, elle m'appela à plusieurs reprises : *voleuse !* — Déjà, dans diverses occasions, j'avais pu apprécier son caractère peu sociable, mais ceci était trop fort, et je lui dis : « Madame, je vous pose une question, veuillez y répondre : Si j'avais perdu mon procès, eussiez-vous payé la moitié des frais ? — Oh ! pour cela, non, reprit-elle. — Vous venez donc de prononcer votre condamnation. Deux personnes étant associées dans une affaire, serait-ce juste, que lorsqu'il y

aurait du gain, l'une prendrait sa part, et refuserait, quand il y aurait perte, de supporter le défi-
cit. « J'appris plus tard que, me trouvant d'accord
avec le Code civil, j'avais, comme M. Jourdain,
fait de la prose sans le savoir. « Ah! voilà de
grandes phrases, dit-elle (s'emportant encore
davantage), mais je dirai partout que vous êtes
une voleuse! » Elle répéta tellement ce mot,
qu'un de mes voisins frappa chez moi, et lui dit
qu'il ne pouvait comprendre comment elle osait
se permettre de traiter ainsi une femme honnête,
et qui, assurément, n'avait rien à se reprocher,
puisqu'elle avait poussé la délicatesse jusqu'à lui
proposer de suivre le procès à frais communs.

J'eus bien de la patience, pour ne pas la prier
de sortir de chez moi, car elle m'accabla d'injures
pendant au moins une heure et demie, et elle s'en
alla, criant comme une véritable furie, qu'elle allait me faire un procès et mettre arrêt sur mon
argent.

Cette horrible scène me tourna le sang, et le
lendemain, j'étais couverte de boutons. Cette
maladie m'a forcée de subir un traitement de
quatre mois, et mes travaux en ont souffert pendant ce temps. Cette pauvre femme (car on doit

la plaindre d'avoir un tel caractère), se rendit chez
mon avoué afin de mettre opposition à ce que je
touchasse mon argent. Elle lui dit que j'avais con-
senti, par *écrit*, à lui en donner la moitié. Mon
avoué en fut fort surpris, car il n'ignorait point
qu'elle avait refusé de coopérer au procès. Alors
il attendit ma visite. Quelques jours après, je m'y
traînai malgré mes souffrances ; il me blâma
beaucoup d'avoir *signé* l'engagement de lui donner 100 francs. « Mais je n'ai rien promis, ni
rien signé, lui répondis-je très-étonnée à mon
tour. — Comment, s'écria-t-il, cette dame a osé
me dire une chose semblable, c'est un peu fort,
il faut donc maintenant que vous la fassiez demander chez le juge de paix, afin de faire lever
l'opposition qu'elle a mise, et ne perdez pas
de temps. » En effet, elle y est appelée. M. le
juge de paix me donna la parole, et je lui expli-
quai l'affaire. Lorsqu'elle eut son tour, elle s'ex-
prima d'une manière si peu convenable, qu'à
chaque instant M. le juge de paix était obligé de
la rappeler à l'ordre ; il lui dit qu'il n'avait jamais
vu une femme de la société se comporter ainsi ;
et, se tournant de mon côté, il ajouta que j'avais
raison et que je serais payée. Alors elle s'emporta

et m'appela *gueuse* et *coquine*. M. le juge de paix
la réprimanda de nouveau, lui disant de se retirer
sur-le-champ.

La salle où se passait cette scène était fort
grande; Mme Lormeau alla vers la porte, mais se
ravisant tout à coup, elle revint sur ses pas, et là,
faisant une révérence bien moqueuse jusqu'à
terre, elle s'écrie : « Oh ! le beau juge de paix
que vous faites, vous connaissez, ma foi, bien
votre métier. » Elle se préparait de nouveau à
se retirer, lorsque M. le juge de paix, revenant de
sa stupéfaction, appela à haute voix un huissier
qui, entrant aussitôt, la repoussa rudement.
« Qu'on s'empare de cette femme, dit le juge de
paix : insulter un juge dans ses fonctions ! ça
ne se passera pas ainsi. » Elle devint alors pâle
et tremblante ! J'étais vengée !... Je me retirai :
l'on m'entoura dans la salle d'attente, afin d'apprendre ce qui venait de se passer. Je dis : « C'est
une femme de la société qui vient d'insulter
M. le juge de paix. » Tout le monde, naturellement, était curieux de la voir sortir ; et, je le dis
franchement, je me mis du nombre. Elle ne tarda
guère à paraître, et me lança (comme si j'étais
coupable de sa conduite) un regard furieux.

CHAPITRE VI.

La police municipale. — Condamnation.

Quelque temps après ces scènes que je viens de tracer, j'appris que la dame Lormeau disait à toutes ses connaissances que j'étais une *Voleuse*. Calomnier, il en reste toujours quelque chose, comme le dit *Don Bazile*; je perdis enfin patience, et je lui fis écrire par mon avocat (M. Lozaouïs), que si elle continuait à débiter sur mon compte des calomnies, je serais forcée de l'attaquer en diffamation. — Elle ne se tint pas la chose pour dite. Je ne pouvais ni ne *devais* donc plus tolérer des faits semblables, et elle reçut une assignation pour

8

comparaître à la police municipale, là, où vont les cochers de fiacres et les portières qui oublient de balayer le devant des maisons. Elle se rendit chez les témoins, afin de tâcher de les *influencer*, et même, elle a menacé une dame, si elle parlait suivant sa conscience. — Enfin, le jour arrive, nous voilà encore en présence l'une de l'autre.

Les témoins déposent contre elle ; elle se maîtrisait autant que possible ; on lui avait fait *sa leçon*, probablement, et on l'avait avertie, sans doute, que des choses plus graves que chez M. le juge de paix surgiraient, si elle se permettait d'apostropher le président. On lui donna la parole, et avec la voix la plus *mielleuse* elle dit bien des mensonges ; par exemple : « que j'avais un carac-
» tère tellement violent, que j'étais tombée sur
» elle, chez M. le juge de paix, et lui avais arra-
» ché une magnifique voilette en point d'Angle-
» terre qu'elle portait. » Ici, M. le président, qui *savait tout* ce qui s'était passé chez M. le juge de paix, ne put s'empêcher de manifester une marque d'improbation, car, il *n'ignorait* point que ma conduite là, n'avait pas passé les bornes des convenances. — Après un assez long débat (où il y eut à rire fort souvent), M. le président lui

adressa une sévère réprimande, et lui demanda ce qu'elle avait à dire pour sa défense. Alors, élevant la voix elle s'écrie : « Ce sont de faux témoins ! » — Je dois vous rappeler à l'ordre : qu'avez-vous à dire pour votre défense. » Elle répéta encore : « Ce sont de faux témoins ! » « Ah ! Madame, dit le président, votre esprit *calomniateur* perce malgré vous ; qu'il ne vous arrive pas de prononcer une *troisième fois* ce que vous venez de dire, car le tribunal serait forcé de vous frapper d'une juste punition. Ainsi donc, je vous demande de nouveau (et cette fois, pour la dernière), qu'avez-vous à dire pour votre défense ? » Alors, se laissant tomber sur le banc, elle se mit à pleurer, hi, hi, hi, le bon Dieu, hi, hi, hi, a été crucifié ! dit-elle, en se cachant le visage. — Elle a donc subi une seconde condamnation. Si j'ai raconté ces faits en nommant la *personne* qui s'en est rendue coupable, c'est que chaque jour encore, elle ne m'épargne pas ; et quand elle peut me rencontrer, soit dans la rue, soit à une promenade, elle se permet de me dire les choses les plus abominables. On serait vraiment tenté de croire qu'elle aurait le désir d'aller faire une nouvelle *révérence* à quelqu'autre juge.

CHAPITRE VII.

Les malheurs d'un pot au feu. — Une représentation
au Théâtre-Italien.

Quand ma santé fut rétablie, après tous ces ennuis, je me mis à composer un opéra. Ici, ma
chère Fanny, pour faire trève un instant à mes
tribulations, je vais te raconter une petite anecdote...

Lorsque je suis dans le feu de la composition,
je suis très-distraite; étant obligée aussi de m'occuper de l'*art culinaire*, j'avais mis un petit pot-
au-feu. M'apercevant que celui-ci ne bouillait

pas, je vais chercher du combustible, mais, pensant plus au morceau que je composais, qu'à mon
pot-au-feu, j'en mis une partie dans la *marmite
même*. Je l'en retirai bien vite. Ce n'est pas tout :
on sonne chez moi. Peste soit de l'importun qui
vient m'empêcher de travailler, me dis-je. Cependant je vais ouvrir. C'était un voisin, un vieux
richard, qui habitait le même carré que moi, et
dont l'avarice a peu d'exemple : il aurait assurément pu servir de nouveau type à Molière, si ce
dernier avait encore existé. « Pardon , Mademoiselle , me dit-il en entrant, voudriez-vous
me donner asile pour quelques instants : ma
femme a emporté la clef. — Entrez, Monsieur ,
mais avec votre permission, je vais écrire la phrase
musicale que je tiens en ce moment, et qui pourrait m'échapper : asseyez-vous au coin du feu. » Le
vieux renard, il avait le nez fin, c'est bien ce qu'il
convoitait ; l'odeur de mon bouillon était arrivée
jusqu'à lui. — Au bout de quelques minutes, il
entend sa femme rentrer ; alors se levant, il me
remercie de mon hospitalité. Je vais le reconduire, lorsqu'en voulant tirer la porte après lui,
le manteau plus que râpé qui le couvrait, s'entr'ouvrit, et qu'aperçus-je!... sous son bras, un

8.

certain instrument (qui, se joue habituellement
sans *dièze* ni *bémol*). Aussitôt je me rappelle ce
qu'on m'avait raconté quelque temps auparavant,
de ce nouveau *Pourceaugnac*, qui allait ainsi sans
se gêner, lorsqu'il pouvait ne pas être vu, puiser
le bouillon chez ses voisins. — Je m'élance vers
la marmite, et la découvre ; O! douleur, il n'était
que trop vrai, elle avait *sensiblement diminué.*
Au milieu de l'hilarité que me causa ce trait de
mon vieil avare de voisin, je me promis (comme
le corbeau), qu'on ne m'y reprendrait plus.

L'opéra que je composais était en un acte, intitulé : *Simple et Coquette ;* il n'était pas encore or-
chestré, lorsque M. Pellegrin prit la direction du
Théâtre-Lyrique. On lui parla de mes ouvrages,
et il promit de venir chez moi entendre ma musique. Je donnai vite les rôles à apprendre ; il n'y
avait que trois personnages, il fut fort bien
monté.

M. Jules Lefort chanta délicieusement sa partie (comme tout ce qu'il chante). M. le directeur
fut très-satisfait de mon opéra, et le dit hautement
devant les personnes que j'avais réunies ; il m'engagea à faire de suite l'instrumentation et à lui
envoyer le libretto. Malheureusement ce bon di-

recteur ne fit, pour ainsi dire, que paraître et disparaître à la direction, et son successeur, M. Carvalho, auquel je dus m'adresser pour le prier d'entendre cet opéra *reçu* au théâtre par son prédécesseur, ne me fit pas même l'honneur d'une réponse.

Que faire pour réussir !... Comment faire connaître ses œuvres ? Personne ne vous tend la main. Pauvres compositeurs, quel triste sort est le vôtre... et qu'il faut que l'amour de l'art soit puissant, pour vous donner la force de surmonter et de vaincre les mille difficultés que l'on sème impitoyablement sur votre route.

Il y a longtemps que j'avais le désir d'organiser une représentation au Théâtre-Italien, mais l'argent, toujours l'argent me retenait : je reculais devant des frais si considérables. Pourtant, qui ne tente rien, n'a rien, me dis-je ; puis, toutes les peines que je vais me donner, n'ayant personne pour me seconder, c'est un véritable tour de force. Eh bien ! j'en aurai le courage. Et me voilà en route. — Je vais voir des artistes de l'Opéra-Comique ; quelques-uns me refusent, d'autres ont la bonté d'accepter. Ce n'est pas le tout, il faut l'autorisation de M. le directeur : impossible de l'obtenir. Il faut battre de nouveau la campagne pour chercher des artistes en dehors des théâtres; comme c'est facile, surtout pour en trouver de convenables.

J'apprends que l'engagement de madame Ugalde vient de finir. Connaissant la bonté de cette grande artiste, je me présentai chez elle, et j'en reçus le plus gracieux accueil. Après avoir pris connaissance de ma partition, elle me dit que ma musique lui plaisait beaucoup, et qu'elle voulait bien me prêter son concours, et jouer le rôle que je lui offrais, mais qu'il fallait que l'opéra fût bien monté. Elle m'aida à chercher des artistes hors ligne, à l'Académie impériale de musique. L'ouvrage tout organisé et prêt à entrer en répétition, l'un des artistes est forcé de partir; il faut le remplacer; puis un autre tombe malade. Enfin, jusqu'au 13 juin, je continuai mes démarches, sans aboutir à rien, et madame Ugalde elle-même partit à cette époque : je dus donc renoncer forcément à donner ma représentation, et l'année suivante, j'eus le courage de recommencer. Il est impossible de s'imaginer les peines sans nombre que j'ai eues pour trouver de bons chanteurs. Mais cela n'était rien ! Une bonne dame m'avait laissé un legs de **600** francs; c'était juste le prix de la salle. Que de billets il me fallait placer encore, pour les autres frais qui s'élevaient très-haut.

CHAPITRE VIII.

Une femme du monde. — La rencontre.

Dans ces entrefaites, une femme vient demeurer dans la maison que j'occupe. Le hasard, un an auparavant, lorsque je cherchais un appartement, me fit aller, pour en voir un, dans la maison qu'elle occupait. Cette dame, sachant que j'étais artiste, me retint à causer. Je la perdis de vue pendant une année, quand tout à coup je 'la vis un jour arriver chez moi, me disant qu'ayant vu un logement dans la maison que j'habitais, elle s'était empressée de le louer, afin d'avoir le plaisir de mon voisinage. — Il existe de ces personnes qui s'insinuent de suite chez vous, et s'initient à toutes vos affaires, surtout lorsque, comme moi, l'on n'a pas plus de défiance. — J'étais dans le *fort de mon coup de feu*, pour ma représentation, elle me proposa ses services, afin de m'aider. Elle était plus souvent chez moi que chez elle. A travers toutes mes préoccupations, je m'aperçus que l'un de ses *buts* était de se faufiler parmi une *société honorable*. Elle avait la parole facile et dorée, et plusieurs de mes amies s'y sont laissé prendre aussi un moment. Elle était adroite ; cependant elle disait trop souvent : *moi, femme du monde*. Elle le répétait sans cesse, et c'est là, justement, où l'on pouvait remarquer qu'elle ne l'était pas : on ne le dit point, et on le prouve.

Elle me proposa de tenir ma comptabilité, et je *déposai* chez elle *tous mes billets*. Quand je faisais mes courses ou mes répétitions, c'était elle qui répondait aux personnes qui venaient en chercher. — On m'engagea à envoyer quelqu'un dans les hôtels, afin d'en offrir aussi. A cet effet, une dame de mes amies m'envoya un homme intelligent qu'elle connaissait. Lorsqu'il se présenta

chez moi, ma voisine s'y trouvait ; il y eut là un
certain coup de théâtre. « Quoi ! c'est vous, Madame, lui dit-il avec surprise, quelle rencontre ! —
Oui, reprit-elle (devenant fort rouge), j'aide
mademoiselle de la Roche-Jagu, et c'est moi qui
vous remettrai un paquet de billets que je vais
préparer, si vous voulez bien venir demain les
chercher chez moi. — Eh bien, à demain, ré-
pondit-il en se retirant. — Qui donc vous a envoyé cet homme ? me dit-elle, il ne convient nullement pour l'affaire qu'il entreprend ; laissez-le,
je vous en trouverai un autre. »

Cela me donna beaucoup à *penser*. Le lendemain matin, je reçus une lettre ainsi conçue :
« Permettez-moi, Mademoiselle, de refuser la
» mission dont je m'étais chargé avec plaisir pour
» vos billets, mais dès que madame Roussette,
» *dite de Chilly*, se mêle d'une affaire, cette dame
» est trop *adroite*, je dois me retirer. Vous pou-
» vez lui montrer ma lettre. »

Signé CLERDANT.

La soi-disant baronne était trop rusée pour ne
pas comprendre sa position équivoque, et pour ne
pas s'apercevoir que je commençais à démêler

quelque chose qui n'était point à son avantage.

Je confiai à quelques-unes de mes amies la missive que je venais de recevoir, et après avoir bien réfléchi, elles m'engagèrent à ne rien dire pour le moment, et de me débarrasser après, adroitement et sans bruit, de la prétendue baronne de Chilly, *titre* et *nom* sous lesquels elle s'était introduite chez moi. — Quelques-uns de mes amis aussi prirent des renseignements sur son compte. J'appris qu'elle avait exercé le métier *peu honorable* de *tireuse de cartes,* je transcris même la lettre qui m'a été écrite à ce sujet par son ancienne concierge, ainsi que la carte qui y était renfermée.

« Mademoiselle, vous m'avez fait demander si
» j'avais encore des cartes de *madame la baronne*
» *de Chilly*, du temps qu'elle *tirait les cartes,*
» sous le nom de Carmen. Je vous en envoie
» deux ci-jointes à ma lettre. Je vous salue,
» femme Guérin. » — (Madame Carmen, tous les jours, excepté les dimanches de 10 heures du matin à 6 heures du soir, rue Neuve-des-Martyrs, 13.)

Je ne pus m'empêcher de lui témoigner de la froideur; elle redoubla envers moi de protestations d'*intérêt,* sur *ma position si intéressante par le noble*

9

courage que je montrais, etc... Mais elle ne devait pas tarder à me faire sentir ses coups de griffes. Elle avait résolu de tâcher de me perdre dans l'esprit des personnes qu'elle voyait s'intéresser à moi ; quant à celles qui me connaissaient particulièrement, la chose était impossible.

CHAPITRE IX.

Cœurs d'or et cœur de bronze. — Angoisses.

Ma représentation, qui devait avoir lieu au mois de mai, fut forcément remise plusieurs fois, quelques artistes étant obligés de partir. Recommencer sans cesse à les remplacer, courir du matin au soir par une chaleur des plus fortes, c'était un véritable supplice. Je faisais toutes ces longues courses à pied, j'arrivais harassée de fatigue chez moi, et je la ressentais bien plus encore quand je ne rentrais qu'avec des *espérances* déçues et sans so-

lution aucune. — Cependant le temps pressait, les
affiches étaient posées ; enfin mes ouvrages sont
montés au complet, les répétitions marchent, la
représentation est annoncée pour le mardi 5 juillet. Nous avions fait notre première répétition
d'orchestre le jeudi, l'on devait ensuite se réunir
le dimanche et le lundi. Les billets étaient répan-
dus, mais je n'avais pas encore touché grand argent et il fallait payer de tous côtés. J'avais déjà
donné 600 francs pour la location de la salle, il
était *spécifié* dans l'*écrit* passé avec M. le directeur
des Italiens, qu'avant l'ouverture des portes, j'aurais remis la somme de 700 francs pour les frais,
lorsque le samedi je reçus une lettre des Italiens,
dans laquelle on me disait : que si le lendemain
matin je n'avais point déposé ces 700 francs, on
ne laisserait pas entrer mes musiciens. Oh ! mon
Dieu, que vais-je devenir ! m'écriai-je. Dans ce moment, quelques personnes vinrent pour me voir,
je leur montrai cette fatale lettre. Elles se cotisè-
rent spontanément, et me remirent une somme
de 300 francs. L'une de ces personnes, madame A.,
que je connaissais fort peu alors, et dont il m'est
pénible de taire le nom qu'elle ne me permet pas
de dire par modestie, me dit qu'elle allait tâcher

de me faire prêter le reste. Quels cœurs d'or! et comme le mien en était ému. Mais à côté un° cœur de bronze se cachait : ma *voisine me serrant la main et la larme à l'œil*, me disait : « Combien » je suis malheureuse, moi, de ne pouvoir imiter » ces bonnes dames! » et je savais qu'elle avait 1,200 francs en *or*, qui dormaient dans son secrétaire. J'appris encore qu'elle avait voulu influencer l'une de ces dames, afin de l'empêcher de me venir en aide.

Le dimanche matin dès sept heures, j'envoyai porter les 300 francs, promettant le lendemain de remettre les 400 francs, complément de la somme exigée. Je priai quelqu'un de rester à la porte du théâtre, afin de retenir mes musiciens, si on leur interdisait l'entrée. Je pris une voiture à l'heure, et me rendis aux Thernes, où demeurait M. de Saint-Salvi, le *Directeur-Propriétaire*. J'avais l'espoir qu'il me ferait ouvrir les portes. Mais encore une déception ! Je ne le trouvai point, je m'en retournai au théâtre : la place des Italiens était envahie par mes musiciens d'orchestre, mes chanteurs et mes deux cents choristes. Tous entourèrent ma voiture. Hélas! rien, leur dis-je désespérée!... Qu'allons-nous faire?... C'est abominable! crièrent plusieurs voix ; il faut enfoncer les portes, c'est ainsi qu'on a égard à l'art. Déjà, ils s'étaient approchés de l'entrée des artistes et parlaient avec véhémence au concierge, qui refusait obstinément sa porte. Je descendis de voiture et remerciai du fond du cœur ces bons artistes, qui prenaient ainsi parti pour moi, mais je les arrêtai, leur disant que ce brave homme faisait son devoir, puisque c'était sa consigne. Alors M. Emile Chevé (qui m'a montré aussi tant de dévoûment), s'écria : « Qui de vous, Messieurs, malgré l'horrible chaleur qu'il fait, se sent le courage de venir à l'Ecole de Médecine, répéter? — Nous, nous, répondirent-ils en masse. » On mit plusieurs violons et violoncelles dans la voiture et nous arrivâmes en *nage*, à l'Ecole de Médecine, où nous ne pûmes répéter que très-imparfaitement, et *simplement* au *quatuor*. Il ne pouvait donc plus y avoir le lendemain, qu'*une seule répétition d'orchestre;* encore me fallait-il trouver les 400 francs. — Oh! quelles angoisses étaient les miennes!... Mais ce n'était pas tout. En rentrant chez moi je trouvai madame A. qui m'attendait ; elle m'apprit qu'elle n'avait pu se procurer des fonds. Quel malheur! tout l'argent que j'avais donné, serait

perdu ! Alors prenant une décision désespérée, je
m'écriai douloureusement : Mon pauvre piano !
voilà le dernier sacrifice qu'il me reste à faire, je
vais le vendre !... Je fondis en larmes, cet instrument excellent, que j'avais acheté à force de privations, m'en défaire, et encore à vil prix !... On
court de tous côtés, impossible ; on ne trouve personne pour l'acheter. Dieu ne voulut point me
donner ce chagrin. M. Alexis Collongues, qui
s'est montré si bien dans cette circonstance, sachant que sans cette somme de 400 francs, la répétition, ainsi que la représentation ne pourraient
avoir lieu, me promit que le lendemain matin,
dès six heures, il se rendrait chez un facteur de
ses amis, et qu'il espérait qu'il l'achèterait.

CHAPITRE X.

Un ange.

Avec un tourment aussi affreux, une agitation aussi grande, pouvait-on se coucher?... Je me jetai un instant sur mon lit. A sept heures du matin on sonne, c'était une bonne amie à moi qui s'empressait de venir voir s'il y avait quelque chose de nouveau. — Rien, rien, lui dis-je, c'est fini !... On sonne encore... oh! c'est Collongues, sans doute? non !... C'était un ange... Madame A. entre. — Eh bien ! dit-elle, le piano est-il vendu? — Non, Madame, je suis perdue à jamais !... — Ecoutez, me dit-elle avec sa voix si douce, et tirant de dessous son châle une bourse : « J'ai bien là 400

» francs, mais ils ne m'appartiennent pas; il faut
» que je les rende demain. Pensez - vous que
» vous ferez une recette suffisante pour faire
» face à cette obligation. — Eh! Madame, que
» puis-je espérer avec une saison si contraire. —
» Que dois-je donc faire, reprit-elle; voulez-vous
» les prendre? — Oh! non Madame, ma déli-
» catesse s'y oppose. » En disant ces paroles, je me
sauvai dans ma chambre, où un déluge de larmes
me soulagea. Quelques minutes à peine se sont
elles écoulées, que mon amie, le visage aussi in-
nondé de pleurs, vint me chercher. « — Embras-
» sez cet ange de bonté, me dit-elle, à ses risques
» et périls, elle veut que vous acceptiez cette
» somme. » Après la première effusion passée de
part et d'autre, cette excellente femme dit :
« — Allons vite, nous n'avons point une minute
» à perdre; je vais porter l'argent au théâtre. »
A ce moment, M. Alexis Collongues arrive et par-
tage notre douce émotion, son ami avait refusé
d'acheter mon piano... L'un court par ci, com-
mander le double service du théâtre; l'autre va
faire allumer. Enfin à neuf heures et demie, les
premiers accords de *Simple et Coquette*, réson-
naient dans la salle des Italiens...

CHAPITRE XI.

Le 5 juillet 1859, une Rachel en herbe avec ses
quarante-sept printemps.

Ma répétition ne fut pas trop mal, mais il en
eût fallu encore deux au moins. Heureusement
que mes chanteurs étaient bons musiciens. — Le
matin en m'éveillant, je me demandais si véritablement ma représentation aurait lieu le soir.
Tant de bâtons dans les roues! et, depuis si longtemps!.. Je pouvais douter; cependant Dieu ne
m'avait point abandonnée, et je crus!...

Voici ce que l'on devait exécuter : un acte de

ι ragédie, des fragments de la *Giovinezza di Lulli*,
Simple et Coquette, opéra-comique en un acte, et
une cantate. L'exécution de tant de musique, et
si peu répétée, me tourmentait et m'effrayait beaucoup, car même, les fragments de mon opéra
italien n'avaient point été dits avec l'orchestre.

Je venais de terminer ma toilette, lorsque
Mme Chilly descendit chez moi, prête aussi à partir. J'allais envoyer chercher une voiture, lorsqu'elle me dit que c'était inutile, puisqu'elle en
avait une. Ne sachant comment la refuser, et ne
voulant pas être en reste avec elle, j'acceptai, lui
disant que le soir alors je la reconduirais dans la
mienne. Tout le long du chemin, me voyant fort
émue, elle ne faisait que me prendre la main, en
m'appelant *chère*, et elle venait encore de me tra-
hir comme on va le voir.

On devait commencer à sept heures et demie
par la tragédie; Mlle Andréa Bourgeois n'était point
encore arrivée; on l'attendait avec impatience.
Enfin, elle paraît! Elle a l'air très-contrarié, me
répondant fort sèchement lorsque je lui adressais
la parole. Je commençais à voir clair, par quelques mots qui lui échappèrent, je compris que
cette *femme* qui me serrait la main quelques mi-

nutes auparavant était la cause de cette mauvaise humeur. — Lorsque je promis à Mlle Bourgeois de la laisser jouer, je pensais que cette soirée pourrait peut-être lui être utile dans la carrière dramatique qu'elle voulait poursuivre. C'était une grande complaisance de ma part, car la tragédie ne peut plaire que lorsqu'elle est jouée par *des talents hors ligne.* Mme Chilly , ou pour mieux dire, Mme Roussette, me disait continuellement que j'avais tort de prendre *cette Rachel en herbe, avec ses* quarante-sept *printemps;* que le public goûterait fort peu *ses grandes évolutions.* Je lui répondais à cela, *chose promise, chose due.* Elle avait aussi attiré cette demoiselle chez elle, et j'ai su après, qu'elle cherchait à me nuire dans son esprit, comme elle a voulu le faire dans celui de mes autres connaissances et amies. Ainsi donc, l'opinion qu'elle m'avait manifestée sur Mlle Bourgeois, elle disait à cette demoiselle, *confidentiellement,* que c'était moi qui pensais cela d'elle, et que mon désir le plus vif était qu'elle ne jouât pas. Voilà pourquoi elle se fit tant attendre, étant dans l'indécision si elle viendrait, oui ou non. — De toute manière elle eût mieux fait de rester chez elle; *primo,* **pour le public** qu'elle a fait attendre jusqu'à près de neuf heures, et aussi pour elle, car elle a été fort peu goûtée. Si j'en crois le rapport des personnes présentes, elle aurait dû, en effet, commencer sa carrière un grand nombre d'années plus tôt. Aujourd'hui, et à l'âge où l'on perd au lieu d'acquérir, que peut-elle espérer ? J'en ai été pour mon obligeance, et très-mal récompensée, je puis le dire, par la conduite qu'elle a tenue plus tard à mon égard.

La chaleur tropicale qu'il faisait le 5 juillet, jointe à l'attente du rideau qui ne se levait pas, avait dû rendre le public trop impatient ; aussi les fragments de mon opéra italien, semblèrent-ils un peu froids, surtout étant chantés avec une certaine monotonie. Je suis restée convaincue que sur un théâtre, ce genre d'audition ne peut convenir ; il faut le jeu et l'entrain des acteurs. Mon opéra, *Simple et Coquette,* a été bien mieux accueilli, malgré que l'orchestre ait laissé beaucoup à désirer (par le manque de répétitions). Mes artistes ont chanté avec verve et talent. Mme Langeval a produit un grand effet ; et l'on a su apprécier sa voix vibrante, flexible et si remplie de sympathie, ainsi que son excellente méthode. Le baryton, M. Marval, a bien chanté aussi, et surtout joué admirablement; quant à M. Jubelin (le ténor), il a été très-froid. Somme toute, les artistes ont été rappelés, ainsi que moi.

Après l'opéra, plusieurs amateurs sont venus me faire compliment, ceux-ci étaient plutôt à même de juger'et de faire la *part* de l'*exécution instrumentale.* — Le spectacle est terminé par la cantate, chantée par les 200 choristes; mais n'ayant pas répété avec l'orchestre, musiciens et chanteurs n'ont pu naturellement s'entendre. Il faut ajouter à cela que plusieurs musiciens ne s'étaient point *gênés* pour s'en aller avec leurs instruments de cuivre, *absolument nécessaires* pour l'exécution de cette cantate guerrière.

Enfin, cette soirée, qui m'a coûté tant de pas, de démarches et de tourments, avait eu lieu!... Et le résultat?... Ah! nous y voici!... Je rentrai chez moi avec 1,400 fr. de dettes!... Quelle chose cruelle! après tant de peines! Je me jetai dans un fauteuil, en m'écriant : Que vais-je devenir?... Et cette bonne dame qui m'a prêté 400 fr., comment les lui rendrai-je?...

La voisine, l'ancienne tireuse de cartes était là, et semblait jouir.

CHAPITRE XII.

Une femme perfide.—Ma Providence.

Le lendemain matin, je reçus un assez gran
nombre de visites; on me serrait vivement la main;
d'un autre côté, on déplorait la perte que je venais
de faire. Une de mes amies entra; après m'avoir
embrassée, elle me dit qu'elle était furieuse; qu'au
théâtre, elle avait parlé à quelques-unes des dames
qui avaient été assez bonnes, pour me venir en
aide, et que ces dames étaient fort mécontentes,
d'avoir eu des places au quatrième. Elle leur dit

qu'elle allait m'en faire part, étant très assurée
d'avance, que cela ne pouvait point venir de moi,
mais bien de la *personne* qui avait eu *en mains*
tous les billets.—Oui, répondirent-elles, c'est bien
de cette personne que nous les tenons; mais c'est
par l'ordre de mademoiselle de la Roche-Jagu,
qui lui a défendu, nous a-t-elle dit, de nous donner
des premières loges. — Oh! quelle femme! me
suis-je écriée ; je puis avoir assurément bien des
défauts, mais l'ingratitude n'entrera jamais dans
mon cœur. — La sonnette se fait entendre: c'est
cette femme qui entre. « Eh bien! *chère*, me dit-
» elle, comment avez-vous passé la nuit? quant à
» moi, je n'ai pu dormir, vous m'avez tant tour-
» mentée. » Je me retins encore, et lui répondis
très froidement. A cet instant, une autre personne
entra ; l'apercevant, elle se lève soudain, et me dit :
adieu, à bientôt.... Elle entendait au loin l'orage
gronder, car cette dernière personne m'avoua
aussi toutes les faussetés qu'elle avait imaginées,
afin de nous fâcher ensemble. Alors, prenant vivement ma plume, je traçai ces mots ! « Madame,
» veuillez ne plus prendre la peine de descendre
» chez moi, ma porte vous est interdite. » Je lui
envoyai immédiatement ce billet par mon con-

cierge. Aussitôt, s'empressant de se rendre dans la boutique du crêmier (c'est lui qui me sous-loue mon appartement), elle lui dit, que je venais de perdre 1,400 francs et qu'elle voulait le prévenir, afin qu'il me donnât congé, car désormais, je ne pourrais plus le payer. Ce brave homme la mit à la porte, et ne voulut point l'écouter.

Je pensais sans cesse à cette bonne dame A..., à ce qu'elle m'avait donné avec tant de générosité ; et qu'il m'en coûtait de la revoir, de lui avouer que j'avais tout perdu !.. . Mais je ne la connaissais point encore, cette femme unique, cet ange sur terre ! Dans l'après midi, elle vint me voir. Je me jetai dans ses bras en pleurant. « Calmez-vous, mon chéri, dit-elle, Dieu ne nous abandonnera pas. — Hélas ! Madame, comment ferai-je pour vous payer, je n'ai même plus de pain !... — Je ne vous abandonnerai pas, me répondit-elle ; soyez tranquille, je ferai toutes les démarches possibles, pour vous être utile, et ne désespérons pas ; je chercherai de l'argent, enfin je vous soutiendrai le plus que je pourrai. Maintenant, voyons ce qui vous reste à payer, sans me compter je veux être la dernière. — Merci, mon Dieu, m'écriai-je, quelle Providence vous avez daigné m'envoyer !... »

Mes deux chanteurs, messieurs Marval et Jubelin, vinrent le lendemain me demander les 400
francs pour leur *cachet*. « Veuillez, je vous prie,
attendre un peu, leur dis-je. » Ils firent quelques
difficultés, et malgré *leurs promesses*, et la *position*
dans laquelle ils me voyaient plongée, c'est pénible à dire, ils m'envoyèrent dès le lendemain les
huissiers.

Madame Langeval avait chanté par amitié pour
moi, et dans tous les cas, cette artiste de cœur
aurait été désolée de faire une chose semblable.
— Je pus réunir 300 francs de ce qui me restait;
mais il manquait encore 100 francs. Je leur dis-
tribuai à chacun 150 francs, et leur dis que c'était
mon dernier morceau de pain que je leur donnais, et que j'espérais qu'ils ne me tourmente-
raient pas pour le peu que je restais leur devoir;
qu'ils ne perdraient rien; que plus tard je finirais
de les solder. Au bout de trois semaines, ils *recommencèrent* leurs *menaces* (j'ai conservé les lettres).— Madame A.., ou pour mieux dire ma Providence, n'avait cessé chaque jour de s'occuper
de moi, et avait frappé à tant de portes qu'elle
avait amassé une petite somme. Elle me fit payer
de suite ces hommes d'argent.

Cependant, je devais deux termes: mon brave propriétaire ne me tourmentait pas, mais j'étais entre mon *bon* et mon *mauvais* génie, car la femme perfide ne me perdait point de vue: il n'y a pas de calomnie que je n'apprenais journellement qu'elle ne fît sur moi. Elle en dit tant, qu'à la fin, le crêmier me donna congé. Je ne savais où donner de la tête!....

L'hiver se faisait sentir et je me trouvais dans une position des plus critiques, ne gagnant rien, et étant à la charge de cette bonne dame A.. Quelle anxiété!.... Je voulus essayer de monter une nouvelle représentation au Théâtre-Italien: dans une saison convenable, je pouvais espérer une bonne recette. Je fis la demande de la salle, mais on exigea de *suite* le dépôt de 1,000 francs. J'étais loin de les avoir, puisque j'en devais bien davantage. Alors, M. de Saint-Salvi m'engagea à faire faire des billets, et à en placer pour cette somme; que de cette manière, je serais certaine, à l'avance, de mes frais. Je suivis son conseil, et plusieurs dames s'empressèrent de patronner cette soirée; mais c'était chose difficile de placer des billets sans qu'on la vît affichée. On n'avait pu encore réunir les premiers 1,000 francs, et le temps s'écoulait.

Déjà la date était mise sur les billets, néanmoins je fus obligée de reculer la représentation, ce qui même m'a occasionné beaucoup de désagrément. En effet, ayant oublié de les prévenir, quelques personnes se sont présentées un *jour* où jouait Mme Ristori, mais j'ai *une lettre* de M. de Saint-Salvi, qui, à cette occasion, me met à couvert des soupçons qu'auraient pu avoir sur mon compte ces personnes que j'avais omis de prévenir.

Nous étions à la fin de mai, et j'allais me voir forcée de renoncer à cette représentation, lorsque je fus recommandée au bon docteur R...., qui parla en ma faveur à M. Camille Doucet, pour tâcher d'obtenir la salle de l'Odéon à la fermeture. M. Camille Doucet, toujours bienveillant et dont, pour ma part, j'ai eu si souvent à me louer, ne s'y opposa pas. Je me rendis à l'Odéon, mais encore un désappointement!... Le dernier coup de vent qu'il fit, un jour d'orage dont on se souvient encore, endommagea la toiture de ce théâtre, et je le trouvai rempli d'ouvriers. Je parlai à M. Tisserant, qui me montra la plus grande bienveillance, et me témoigna son vif regret de ne pouvoir m'être utile dans cette circonstance. Voyant combien j'en étais peinée, il m'engagea à aller au

Théâtre-Lyrique qui devait sous peu fermer. Je me retournai donc de ce côté. Mon mauvais génie m'y a poussée sans doute, comme on va le voir.

CHAPITRE XIII.

M. le Directeur du Théâtre-Lyrique, représentation
ajournée.

Mme la comtesse de la M...., l'une de mes meilleures amies, écrivit de suite à M. le directeur du
Théâtre-Lyrique, afin d'en obtenir sa salle pour
le 3 juillet. Sa réponse arriva le lendemain; il
disait : « qu'il était heureux de pouvoir coopérer
» à la bonne œuvre qu'on entreprenait; il crai-
» gnait seulement, comme ses artistes allaient être
» dispersés, de ne pouvoir donner, peut-être, ce
» qui serait utile, et si on voulait bien aller s'en-

» tendre avec lui le lendemain, à son bureau. » La comtesse m'y envoya. Je dis à M. Réty que c'était pour faire jouer deux de mes ouvrages; qu'ils étaient montés, et que je n'avais absolument besoin que de ses décors. Alors, il me dit que la chose était faisable, et appelant son caissier (M. Fournier), il me présenta à lui, ajoutant que je pourrais m'entendre désormais avec ce dernier pour mes répétitions et ce dont j'aurais besoin; qu'ensuite, il fallait que j'obtinsse les autorisations du ministre et de M. le préfet de la Seine.

Les funérailles de S. A. I. le prince Jérôme, ayant eu lieu le 3 juillet, j'avais obtenu du Théâtre-Lyrique, que ma représentation serait remise au 10 du même mois.

Me voilà donc munie de toutes mes permissions. Je vais demander à M. le caissier de me laisser répéter sur la scène le premier juillet. Il me fit l'objection que tout le monde allait partir, et que je ne pourrais pas donner ma représentation. Il est étrange, Monsieur, lui dis-je, que vous veniez *aujourd'hui* me faire de pareilles observations, maintenant que j'ai commandé tous mes musiciens et fait des dépenses. Eh! bien, reprit-il, si M. le directeur le veut, je n'y mettrai point d'opposition, allez le lui demander. — C'était la veille de la fermeture; le cabinet de M. Réty était envahi par une grande quantité de personnes. Je lui fis passer les ordres de la préfecture et du ministère. En me faisant demander des excuses de ne pouvoir me recevoir, il dit que j'aille trouver M. Arsène, le régisseur, afin que celui-ci me donne les répétitions qui me seront nécessaires. Je vis ce monsieur qui me fit une foule d'observations, disant qu'il allait prendre ses vacances, et que M. Réty n'avait sans doute pas songé aux difficultés qu'il y aurait. Enfin, puisque M. le directeur l'a promis, lui dis-je, il me semble qu'on ne peut me refuser maintenant.

Ma répétition eut donc lieu le 1er juillet, et mes affiches furent posées chez les marchands de musique. Le chef d'orchestre donna rendez-vous à ses musiciens pour le jeudi suivant; mais encore une fois! la *porte nous est fermée :* M. Réty ne voulait plus me donner la salle. Je fus avec quelques-uns des musiciens chez le commissaire du quartier, qui me répondit qu'il avait l'ordre du ministère et de la préfecture, pour le 10 *juillet;* qu'il fallait qu'on *m'ouvrît* les portes, et d'aller de suite chez un huissier.

Je tremblais dans la crainte d'un *procès* encore !
mais qu'on veuille bien *ici faire la part* de l'artiste : s'il n'avait pas de *fermeté,* s'il ne savait point
enfin faire *respecter ses droits,* que deviendrait-
il ?... — Le lendemain, M. Réty reçoit un papier
timbré : même refus de sa part. *Forcément,* il faut
me rendre chez un agréé, et y déposer une somme.
Pauvre artiste, toi qui as déjà tant à payer de tous
côtés : l'agréé me dit qu'il espère que le jugement
passera assez tôt. Mais il se trompa, et le 10 juillet
s'est écoulé sans pouvoir donner ma soirée. Que
de frais perdus ! M. Réty, ainsi que moi, sommes
demandés chez l'arbitre. M. le directeur dit alors
qu'il ne m'avait pas promis de me donner sa salle.
On lui a fait à cela l'observation naturelle, que
déjà il y avait eu un *commencement d'exécution,*
puisqu'on avait *reçu au théâtre* les instruments
que j'avais envoyés, et *qu'une répétition* avait eu
lieu, et que même les gens de l'administration
étaient là pour donner ce qui était nécessaire.
Enfin, on lui a dit de prêter *serment,* il l'a prêté...
L'arbitre l'engagea à s'arranger à l'amiable, et à
me donner sa salle. Eh ! bien, dit M. Réty, dans le
mois d'août ; mais, me *réservant le droit,* si le jour
de la représentation il se trouve quelque chose

10

qui me *déplaise, d'empêcher les portes d'ouvrir.*
—Oh ! Monsieur, me suis-je écriée, puis-je accepter
une telle proposition ! — Oh ! non, dit l'arbitre, ce
n'est pas praticable. On se leva ; M. Réty et l'avocat qui l'accompagnait avaient le désir (je le voyais)
de rester les derniers, mais je ne leur cédai point.

Lorsqu'ils se furent retirés, le juge me conseilla,
puisqu'on était bienveillant pour moi à la préfecture, de m'y rendre, et de raconter les faits. Je
suivis son sage conseil, et je n'eus qu'à m'en féliciter. Je fus de nouveau parfaitement accueillie
par MM. Noyon et Lazare. On fit courir après
M. Réty, et on obtint de lui qu'à partir du 1er août,
le théâtre serait mis à ma disposition.

Des artistes donnent parole pour une époque
fixée, mais lorsqu'elle se trouve reculée, ils ne
peuvent souvent, avec la meilleure volonté, être
libres. C'est ce qui arriva du retard apporté par
M. Réty, et ce qui fut cause d'une fort mauvaise
exécution.

CHAPITRE XIV.

Simple et Coquette et la *Jeunesse de Lully*, au Théâtre-
Lyrique. — La bague de ma mère.

Des musiciens de l'Opéra, ainsi que de l'Opéra-
Comique, qui devaient former mon orchestre, ne
purent me donner les répétitions pour lesquelles
ils s'étaient d'abord engagés. C'est inouï, les peines
et le mal que je me suis donnés pour organiser
un orchestre en si peu de temps. Je fus forcée
d'avoir recours aux musiciens de régiments qui
m'ont manqué de parole, et ce n'est que *le matin
même*, j'en frémis encore d'y penser! qu'une *seule*
répétition d'orchestre a pu avoir lieu, *et pour deux*

opéras !... Comment reculer?... il n'y avait plus moyen; j'aurais mille fois préféré que cette représentation ne se donnât point. Mais plus d'un motif m'y *forçait*, et le plus puissant encore était celui-ci : Une personne très-haut placée (que par discrétion je ne dois point nommer) avait eu l'extrême bonté, connaissant l'embarras où je me trouvais (les fonds me manquant pour l'exécution de cette soirée), de m'obtenir de S. M. l'Empereur un encouragement de 500 fr. En ne donnant point cette représentation, j'aurais donc cru manquer à la reconnaissance si vive que je devais à ce généreux protecteur, ainsi qu'à la profonde gratitude que je dois et veux toujours conserver à S. M. l'Empereur.

Les billets ne m'ayant été remis du théâtre que fort peu de jours avant la soirée, il a été impossible d'en placer. Je m'en remets donc à la grâce de Dieu.

La salle était fort bien garnie, malheureusement ma bourse n'a pas été de même; les frais énormes ont emporté bien plus que la caisse ne contenait. Quand je pense que j'ai donné 160 fr. pour les deux décors que l'on a mis (ainsi de suite des autres frais).

J'étais loin d'être tranquille, car mes artistes aussi étaient faibles ; ce n'était point ceux que j'avais l'année précédente aux Italiens. Mademoiselle Robert *seule*, avait une voix ravissante; c'était son début, elle avait très-peur, et a été si mal *secondée*. Moi qui connais son talent, je crois pouvoir lui prédire une place sur l'une de nos scènes lyriques.

Enfin, l'opéra *Simple et Coquette*, est joué. J'avais donné le matin 132 francs pour l'orchestre, le soir je devais en remettre 200 autres. Un musicien vint au foyer me les demander ; mais je n'avais *plus* en ma *possession* que 160 francs, il manquait 40 francs, il retourna le dire à l'orchestre. Les musiciens se refusent alors de jouer dans mon second opéra; de rechef il vint me porter ces paroles qui me firent *rougir* pour eux !... « Allez les supplier de ma part, dis-je à ce monsieur; peuvent-ils me laisser dans une position aussi critique?... — J'en suis désolé, reprit-il, c'est leur dernier mot, ils vont s'en aller ! » — Le *pas* que M. Mérante et mademoiselle Louise Marquet dansaient en ce moment avec un si grand succès était près de finir ; c'était la *Jeunesse de Lully*, qui devait suivre. On ne peut décrire une semblable

position à celle où je me trouvais; il faut avoir
passé par une si cruelle épreuve pour la sentir.
Qu'allait dire le public s'il voyait les musiciens
partir?... Oh! Monsieur, m'écriai-je douloureusement, et tirant vivement de mon doigt une
bague d'or contenant les cheveux de ma bonne
mère :

Prenez cette bague en gage, c'est tout ce qui me
reste de ma pauvre mère! elle n'a pas la valeur
de 40 francs, mais pour moi, elle est sans prix!...
Conservez-la, je vous en supplie! Hélas! je n'ai pu
encore, en ce moment où je trace cette pénible
scène, la retirer des mains de ce brave Monsieur
qui veut bien me la garder, et c'est un service
dont je lui garderai un éternel souvenir.

CHAPITRE XV.

Cabale du 7 août 1860. — Enigme.

Le chef de claque du Théâtre Lyrique vint chez moi, trois jours avant ma représentation, me demander *le service pour la claque*. On lui remit *cent billets*.

Déjà une *certaine rumeur* se faisait entendre, quelques mots arrivent aux oreilles de mes artistes : *il y a une cabale !* disait-on, elle doit *éclater* pour l'opéra de Lully !... Qu'on juge de l'effroi qu'ils durent ressentir : ils voulaient se déshabiller et ne point jouer ; ce qui les retint et leur donnait l'espoir, c'est que si en effet l'on faisait du bruit, le chef de claque, avec sa *formidable armée*, était là pour *soutenir* et faire *cesser* tout tapage.

J'étais dans ce moment trop préoccupée du sacrifice que je venais de faire, en me séparant de la bague de ma mère, et je ne me trouvais pas là, lorsque circula le bruit du complot projeté, afin d'empêcher mon opéra d'être représenté. — Plus de doute ! au premier coup d'archet de l'ouverture, les cris et les sifflets partent. Je me sens glacée!... le rideau se lève; encore plus de train ! on ne laisse point finir le chœur. Mes pauvres artistes étaient plus morts que vifs ! et quels sont *ceux*, même le plus en *renom*, qui, dans un moment aussi critique, auraient pu conserver leur sang-froid, et leurs moyens? Quant à moi, je vis toute l'horreur de la chose, et je m'écriai : il y a cabale!.... Hélas! oui, me dit un brave homme qui était sur le théâtre, et qui ne l'*ignorait point*. Les pompiers qui se trouvaient dans les coulisses, ne pouvaient s'empêcher de me plaindre aussi, et me dirent: Pauvre dame, dites donc au garçon de théâtre , d'envoyer chercher des brigadiers , vous voyez bien qu'il y a cabale?... Je le dis au

garçon du théâtre, il ne bougea pas !.... Je suppliai de faire baisser le rideau, on ne le baissa
point!.... Les artistes se retirent, on les rappelle,
on demande la pièce ; ils reviennent, et le *bruit*
recommence !.. Alors, ils ne peuvent continuer, et
font ainsi cesser cette affreuse *machination*.....Oh!
cruelles déceptions ! oh ! pauvre auteur !.... que
vas-tu devenir?.... tes ennemis triomphent !....
on vient de traîner ton opéra de *Lully* dans la
boue !... Mais mon front abaissé un moment,
sous le poids qui m'accable, se relève fièrement,
et pensant aux succès que cet opéra a obtenus
à *différentes reprises*, mon courage ne m'aban-
donne point encore !.... — Je reçus donc avec
calme les compliments de condoléance que mes
amis désolés, venaient m'adresser au foyer, qui
était rempli de monde. Tous demandaient : qui
donc a pu faire cette affreuse cabale?.... Je laisse
à mes lecteurs à deviner le mot de cette énigme!

CHAPITRE XVI.

Force et courage. — Une visite.

Que le réveil est pénible, le lendemain du jour où l'on a éprouvé de si douloureuses émotions, et quelle force, quel courage, ne vous faut-il pas pour surmonter tant de malheurs! Je donnais cette soirée, non seulement dans le but de faire connaître mes ouvrages, mais bien encore, afin de rendre du moins une partie de ce que je devais à cette bonne amie, madame A.., qui venait de faire de nouveaux sacrifices, pour me faciliter

cette fâcheuse représentation. Pauvre dame, quelle triste récompense pour votre cœur si noble et si généreux !... le chagrin, qu'elle éprouve dans ce moment-ci, qu'on ne croie pas que ce soit le regret de ne pouvoir rentrer dans les avances qu'elle m'a faites; une idée l'accable et la poursuit sans cesse. C'est qu'à force de m'avoir tant aidée elle se trouve dans l'impossibilité de continuer sa bonne œuvre, je lui dois tant !... « Oh ! mon
» Dieu ; daignez arrêter ici, les cruelles épreuves
» que vous m'avez envoyées, et faites que je
» puisse montrer et témoigner à mes bienfaiteurs
» la reconnaissance que je ressens si vivement ! »

Quelques jours après cette représentation, je reçus une visite de madame de K..., qui me dit : « Ma chère petite, vous me tourmentez horriblement ; je ne fais que penser à votre position, qu'on m'a dit être affreuse ! Je serais si heureuse de pouvoir vous en sortir; j'essayerai tant qu'il me sera possible de faire, mais pour cela, ayez confiance en moi, et ne me cachez rien. Quels sont donc vos moyens d'existence.

—Hélas! Madame, lui répondis-je, je n'en ai pour ainsi dire, aucun. J'ai une pension annuelle de cent vingt francs que M. le baron Taylor a eu la bonté de m'obtenir de sa société, dont je fais partie ; ensuite, il a la bienveillance de demander chaque année un secours de cent francs à S. E. le ministre de la marine (comme fille d'ancien administrateur dans cette partie). Et après, je n'ai plus rien !... — Oh ! ce n'est pas possible, s'écriat-elle, vous ne pouvez vivre avec si peu. — En effet, Madame, je donnais tous les ans un concert, qui me rapportait, à force de peines, à placer des billets, de six à huit cents francs, et en mangeant des croûtes sèches, je parvenais à subsister sans faire de *dettes*. Voilà deux années, que je n'ai point donné de soirées musicales, pensant que des représentations de mes œuvres lyriques me seraient plus fructueuses, et au lieu de cela, comme vous l'avez vu, je suis de tous côtés, menacée des huissiers, et qu'auront-ils à prendre? puisque je me suis défaite de tout ce que j'ai pu, même de mon piano, pour faire honneur à quelques engagements, et aujourd'hui, je me vois à la veille d'être sans *asile*, car mon propriétaire ne veut plus me garder. Je vous dirai toute la vérité : par trois fois différentes, n'ayant pas voulu avouer à personne, que je n'avais plus *rien* chez moi, je suis restée sans manger !..... Cependant Dieu ne m'abandonnait pas ; le lendemain, il me venait quelques secours. Mais ce n'est pas vivre, que d'être dans une pareille situation !—Oh ! non, dit cette bonne dame, les yeux noyés de larmes, votre position n'est pas tenable ! Je ferai tout au monde, pour la faire cesser : on m'a dit, ajouta-t-elle, que vous aviez écrit une partie de vos mémoires artistiques, voudriez-vous me les confier ?. Je les lui remis, et elle prit congé de moi, me disant courage ! et à bientôt !....

CHAPITRE XVII.

Une petite-fille de Racine, une nièce de Rameau
et une parente de Chateaubriand.

Deux jours se sont écoulés depuis cette visite,
au bout desquels je vois arriver Mme de K..., la
figure animée; elle me dit en m'embrassant: «Vous
» êtes sauvée !... — Ah ! Madame, parlez vite !...
» —Comment, reprit-elle, n'avez-vous pas songé à
» ce qui vient de se passer dernièrement ; on a
» découvert dans un couvent une petite-fille de
» *Racine* qui était sans fortune ; on s'est empressé
» d'ouvrir en sa faveur une souscription afin de

» lui faire un sort, ainsi qu'à une nièce de Rameau,
» et vous, ma chère, qui, d'après ce que j'ai lu dans
» votre biographie, appartenez au célèbre Château-
» briand et qui, de *plus, cultivez les arts*, on ne
» ferait rien pour vous?.. mais c'est impossible, et
» il faut absolument qu'on ouvre aussi, en votre
» faveur, une souscription qui, sans nul doute,
» vous fera de même avoir un sort, ce que vous
» méritez doublement par les malheurs que vous
» avez éprouvés jusqu'à ce jour, et que vous avez
» bravés avec tant de courage et de résignation!..
» Ce n'est pas tout encore, dit-elle, dépêchez-vous,
» mettez-vous vite à l'ouvrage, et écrivez la se-
» conde partie de vos mémoires artistiques: il faut
» les livrer à la publicité et vous verrez après les
» souscriptions abonder de tous côtés. Dès que ce
» travail va être achevé, j'irai avec vous voir MM.
» les journalistes qui certes ne refuseront pas une
» de leurs colonnes pour annoncer cette sous-
» cription!...—Mille fois merci, bonne dame, de
» tout ce que vous venez de me dire, mais je vous
» avouerai que j'ai une sorte de *répugnance* à livrer
» à la publicité tout ce que je souffre!—Allons donc,
» c'est un amour-propre mal placé; et quelle se-
» rait la personne assez cruelle pour tourner en

» ridicule vos malheurs ! ils ne peuvent, au con-
» traire, qu'intéresser vivement. Et, d'ailleurs,
» n'a-t-on pas déjà ouvert souvent des souscrip-
» tions? par exemple pour M. Laffitte, M. de La-
» martine (ce grand génie), et tant d'autres que
» j'aurais à vous citer. Faites donc ce que je vous
» dis, et vous m'en remercierez plus tard...»

CHAPITRE XVIII.

Réflexions.

Lorsque Mme de K.. fut partie, je réfléchis sérieusement à tout ce qu'elle venait de me dire,
ainsi qu'à l'horreur de ma position, et voyant que,
véritablement, je n'avais pas d'autre ressource, ni
d'autre parti à prendre, afin d'éviter de mourir de
faim, je me dis : en résumé, est-ce une chose des-
honorante qu'on vient de me proposer ?.. non,
assurément... seulement, il est très pénible pour
moi de faire connaître à tout le monde ma mal-

heureuse situation !... Au reste, pourquoi en rou-
girais-je ? dès que ce n'est point le désordre ni la
prodigalité qui m'y ont plongée, et que j'ai fait
humainement tout ce qu'il m'était possible de
faire afin d'en sortir... Je suis même réduite aujourd'hui à ne pouvoir travailler, ayant mis en
gage mon piano, mon ami, mon consolateur !...
Oh ! c'est affreux !... C'en est trop !... Il faut que
cette position qui n'est plus soutenable cesse !...
Je crois donc que, dans cette circonstance si *pres-
sante*, malgré ma forte répugnance, la nécessité
doit triompher de mon orgueil... Mourir de faim !..
Ce sont des tortures trop cruelles !... Le charbon !...
la Seine !... Oh ! fi !... Dieu est là !... et noblesse
oblige... Non, non, je ne ferai point rougir ma
famille en déshonorant un nom glorieux et sans
tache !... n'ai-je pas, jusqu'à ce jour, combattu
comme le plus valeureux soldat ! comme lui... je
n'ai jamais reculé !...

Allons, courage, courage ! pour la dernière
épreuve, car aujourd'hui je les ai toutes subies !
tout a un terme, j'ai tant souffert !... Mes malheurs ont été si longs, ils sont à leur apogée !...
Ainsi donc, confiance, je dois espérer maintenant
quelque bonheur !...

CHAPITRE XIX.

Aux cœurs nobles et généreux.

Je viens d'écrire la seconde partie de mes mémoires artistiques; puisque je me suis décidée à les livrer à la publicité, j'aurai confiance en vous, cœurs nobles et généreux, qui consacrez chaque année des fonds à de bonnes œuvres. J'en suis certaine, ils ne me feront point défaut lorsque mes malheurs vous seront connus.

Croyez-vous que ce soit le pauvre qui tend la main qui est le plus malheureux ? Non ! il peut le faire sans rougir. Mais ce sont ces *infortunes cachées* qui par cela même sont bien plus à plaindre. On souffre en silence et l'on meurt sans que personne se doute que la misère vient encore de faire une victime !...

Et vous, noble faubourg Saint-Germain ! où respirent la grandeur et l'opulence ! ceux de vous qui avez été assez heureux pour conserver le bien de vos ancêtres, refuserez-vous votre généreuse souscription à une personne qui appartient à l'une des plus anciennes familles bretonnes ? Oh ! non !.. surtout après que vous aurez lu les malheurs qui m'ont accablée.

Vos cœurs doivent être nobles aussi ! Je dois donc avoir espoir en leur bonté comme ils devront être assurés de la profonde gratitude que je leur conserverai toujours.

Artistes ! vous avez tous souffert avant d'arriver ! ne l'oubliez jamais !... et lorsque vous le pourrez, tendez une main amie à celui qui lutte encore.

C'est donc à vous, artistes de cœur !... à qui je viens m'adresser aujourd'hui. Vous venez de lire les déceptions sans nombre que j'ai eues à supporter. Vous avez vu que bien souvent, par un concours fatal de circonstances, mes ouvrages n'ont pu être entendus convenablement, et, par conséquent, ont été mal appréciés ; tandis que, toutes les fois que j'ai eu de bons interprètes, j'ai obtenu des succès. Vous savez bien qu'un chef-d'œuvre mal exécuté, tombe, et qu'un ouvrage médiocre, bien rendu, réussit. — Si vous le vouliez je pourrais avoir une belle et fructueuse représentation au Théâtre-Italien devant un public d'élite. Avec un de mes opéras, chanté par des talents hors ligne, je pourrais espérer un succès.... Eh ! bien , vous tous qui avez des noms aimés du public, et qui m'avez montré de la bienveillance, Mmes Ugalde , Gaveaux-Sabatier ; MM. Crosti , Wairot et Jules Lefort, relevez moi !... Je n'ai rien à craindre du côté de M. le directeur de l'Opéra-Comique. Il y a quelque temps j'ai fait une visite à M. de Beaumont, et là, j'ai pu apprécier ce qu'on m'avait dit de lui, qu'il était juste, intelligent et d'une extrême bienveillance ; il m'a envoyé de sa part vers un de nos bons auteurs, afin que je pusse composer un opéra en un acte pour son théâtre.

Que ne vous devrai-je pas, Monsieur le Directeur, si vous m'ouvrez votre porte !... Oui, j'ai *foi* en vous, j'arriverai ! un peu de bonne volonté, et vous aurez sauvé l'*artiste* qui souffre depuis si longtemps !!....

Le 24 décembre. — J'apprends à l'instant le

changement de direction à l'Opéra-Comique; c'est **MM.** Carvalho et Roqueplan qui remplacent M. de Beaumont.

Oh! Messieurs les Directeurs, conservez moi, je vous prie, le bon vouloir que m'a montré votre prédécesseur.

Lorsque je me suis primitivement adressée à vous, mes démarches sont restées infructueuses, c'est qu'alors vous ignoriez tout ce que j'ai souffert !.. Aujourd'hui, que vous allez l'apprendre, je dois aussi avoir foi en vous, et je crois !...

APOSTILLES

Le talent hors ligne de Mlle Péan de la Roche-Jagu, la triste position à laquelle son amour de la musique l'a réduite, me font demander pour elle la bienveillance de M. le ministre.

Marquis DE LA ROCHEJAQUELEIN.

Je serais bien heureuse si ma recommandation pouvait être de quelque valeur aux yeux de M. le ministre, mais je dois affirmer qu'ayant eu l'occasion, souvent, de faire chanter à mes élèves quelques morceaux d'opéras de Mlle Péan de la Roche-Jagu, je les ai trouvés écrits avec conscience et talent. Elle est digne de toute manière, au reste, de l'intérêt et de la bienveillance éclairée de M. le ministre.

A. DAMOREAU-CINTI.

J'ai eu l'honneur d'être choisie par Mlle Péan de la Roche-Jagu pour interpréter quelques-unes de ses compositions musicales; je puis assurer que toutes les fois que je les ai chantées en public, le succès a été complet et c'était justice.

Mlle Péan est une artiste distinguée, connue et justement appréciée dans le monde musical. — Que M. le ministre veuille bien me faire la grâce de recevoir mon assertion, et je me féliciterai d'avoir contribué au succès de la demande de Mlle Péan de la Roche-Jagu.

E. POINSOT,
de l'Académie Impériale de Musique.

Mlle Péan de la Roche-Jagu a fait entendre souvent, en public, des opéras de sa composition, dont j'ai chanté quelques morceaux, et sa musique eut toujours un succès mérité.

DOLORÉS NAU.

J'ai donné, depuis quelques années, un grand nombre d'apostilles en faveur de Mlle Péan de la Roche-Jagu; cette dame, artiste musicienne et compositeur, est on ne peut plus digne d'intérêt, par son caractère honorable et sa position malheureuse. Elle appartient à une famille distinguée de la Bretagne, qui a rendu des services dans l'administration de la marine.

Baron TAYLOR,
Membre de l'Institut.

Lettre de mon Professeur, adressée à une personne qui me portait intérêt.

Monsieur le Baron,

Mlle Péan de la Roche-Jagu, mon élève, m'a fait connaître tout l'intérêt dont vous voulez bien l'honorer; permettez moi, M. le Baron, de vous en témoigner toute ma gratitude, car les vertus et le talent de cette jeune personne ont fait naître en moi le plus vif et le plus sincère attachement pour elle et sa respectable famille.

Un professeur est un père, et tout ce qui pourra aider ma fille adoptive à parcourir sa carrière artistique d'une manière digne de ses brillantes dispositions, sera pour moi l'un des beaux jours de mon existence.

J'ai l'honneur, etc.

Le Chevalier HENRI BERTON,
Membre de l'Institut, etc.

Extraits de divers Journaux.

En attendant que Mlle Péan de la Roche-Jagu fasse jouer son opéra de *Lully* sur notre seconde scène lyrique, elle continue à le faire exécuter à l'Hôtel-de-Ville.

Ces auditions attirent beaucoup de monde et valent de
nombreux applaudissements à l'auteur de ce joli ouvrage.

Signé : HENRI BLANCHARD.

(*Gazette Musicale.*)

Le Triboulet dit : Mlle Péan de la Roche-Jagu a
fait représenter samedi soir, à la salle Moreau-Cinti,
un charmant opéra de sa composition (*La Jeunesse de
Lully*); de nombreux bravos ont accueilli plusieurs
passages qui font désirer que Mlle Péan de la Roche-
Jagu prenne un plus large essor.

La Gazette des Théâtres fait une longue analyse
de *La Jeunesse de Lully* et termine ainsi: Entre les
morceaux que nous avons signalés, nous indique-
rons encore une romance délicieuse chantée gracieusement par Tiennette; un morceau de basse bien rendu; une ouverture savamment traitée, et, en général,
un accompagnement d'orchestre très varié et bien ap-
proprié au chant. Cette œuvre mérite donc les plus
sincères encouragements pour Mlle de la Roche-Jagu,
et nous espérons qu'en dépit de son sexe et des difficultés qui entourent la carrière dramatique, elle
déployera bientôt sur une plus grande scène son talent véritable de compositeur.

Nous devons rendre compte d'un opéra en un acte
à l'audition duquel nous avons assisté dernièrement.
Cette œuvre musicale est due au gracieux talent de
Mlle Péan de la Roche-Jagu. Quant au libretto, il est de
M. Emile Richebourg. La musique de Mlle Péan, tour à
tour légère ou grave, est habilement nuancée et ren-
ferme des motifs ravissants ; plus on l'entend, plus on
se plait à l'écouter. Cela est frais et brillant comme
les vocalises du rossignol, et l'oreille en retient les notes, ainsi qu'il arrive ordinairement pour ces airs de
nos grands maîtres, que leur charme et leur facture
large et nette rendent aussitôt populaires. Le succès de
l'opéra de Mlle Péan, qui a pour titre: *Simple et Coquette*, n'a pas été douteux un instant. Il serait à désirer, dans l'intérêt des auteurs et du public, que la pièce fût adoptée par une de nos scènes lyriques. On a
créé un théâtre, soi-disant pour aider et mettre au
jour les talents inconnus, et il n'y a que des réputa-
tions déjà faites qui ont le droit d'y entrer. C'est une
injustice criante et qu'il serait bien temps de réparer.
Une vieille chanson dit: Ah! si *ma Dame* le savait !
moi, je dirai: Ah! si L'EMPEREUR le savait; je suis sûr,
que dans sa bienveillante sollicitude pour tous, il ferait cesser cet état de choses.

(*Foyer domestique.*)

www.ingramcontent.com/pod-product-compliance
Lightning Source LLC
Chambersburg PA
CBHW071954090426
42740CB00011B/1940